FEMALE FIRST WORDS

366 erste Sätze starker Frauen von Austen bis Zetkin.

GRETE & FAUST

Impressum
© Grete & Faust Verlag, München 2019
www.greteundfaust.de
Alle Rechte vorbehalten.

Idee Sandra Butscher und Ralph Burkhardt
Gestaltung Ralph Burkhardt
Lektorat Stefanie Weiß
Schrift Eames Century Modern, Futura
Papier 120 g/m² holzfrei weiß Offset 1.2
Druck und Bindung Gutenberg Beuys Feindruckerei GmbH
Printed in Germany.
ISBN 978-3-943356-02-6

Die Deutsche Nationalbibliothek verzeichnet diese Publikation
in der Deutschen Nationalbibliografie; detaillierte bibliografische
Daten sind im Internet über www.dnb.de abrufbar.

Am 19. Januar 1919 durften Frauen erstmalig auf politischer Ebene mitreden: Zum ersten Mal konnten Frauen in Deutschland reichsweit wählen und gewählt werden. 300 Frauen kandidierten und 37 Frauen von insgesamt 423 Abgeordneten wurden gewählt. Der Schritt hin zum Frauenwahlrecht war mühsam und längst überfällig, und immer noch gibt es viel zu erreichen in Bezug auf Gleichberechtigung und Emanzipation. Und gerade deshalb freuen wir uns umso mehr, ein Jahrhundert Mitspracherecht feiern zu dürfen! Unser Beitrag dazu: ein immerwährender Kalender ganz im Zeichen starker weiblicher Worte! Und zwar ganz besonderer Worte: nämlich den ersten Sätzen bedeutender Literatur, Essays oder politisch motivierter Texte. Inspiriert von »Famous Last Words«, dem Vorgänger dieses Buches, in dem Autoren beider Geschlechter das LETZTE Wort haben durften, haben wir uns in diesem für Frauen besonders bedeutenden Jahr dazu entschieden, ausschließlich Frauen das ERSTE Wort zu erteilen. Girlpower!

Unser großes Dankeschön geht an die wunderbare Sandra Butscher, die die Idee für dieses Buch hatte. Wie großartig!

Viel Vergnügen wünschen Laura Bachmann, Anne Dreesbach und Ralph Burkhardt.

»So oft in einer ›Faust‹-Aufführung Gretchen die Worte spricht: ›Du lieber Gott, was so ein Mann – Nicht alles, alles denken kann. – Beschämt nur steh' ich vor ihm da – Und sag' zu allen Sachen ja!‹, geht ein erfreutes Schmunzeln durchs ganze Haus oder vielmehr durch jenen Teil des Hauses, der in einer Ehe die häßlichere Hälfte bilden würde.«

1

Januar

Carry Brachvogel

Frau Dr. Faust, 1913

»Der Strom zog still seinen Weg und konnte keine der Blumen und Zweige auf seinem Spiegel mitnehmen; nur eine Gestalt, wie die einer jungen Silberlinde, schwamm langsam seine Fluten hinauf.«

2

Januar

Annette von Droste-Hülshoff

Ledwina, 1820

»Hier bin ich, Wilhelm, aber weshalb? – wie soll ich es Dir erzählen, wie erklären?«

3

Januar

Margarethe Wulff

Alte Bekannte.
Ein Nachtrag zu den Tage- und Lebensbüchern, 1860

»Antonie, Suschen und Liesbeth bekamen von ihrer Mutter jede ein Stückchen Land, das sie ganz nach ihrem Gefallen bearbeiten konnten.«

Januar

Bertha Lehmann-Filhés

Die Kinderwelt in kleinen Erzählungen
für Kinder von 5 – 8 Jahren, 1858

»Es ist mir nun doch recht lieb, daß ich Dich mit genommen habe, Du gute treue Seele!«

Januar

Charlotte von Ahlefeld

Die Frau von vierzig Jahren.
Eine Erzählung aus dem wirklichen Leben, 1829

»Die Lärchenbäume am Hügel standen im ersten jungen Grün und wiegten ihre leichten Zweige hin und her im frischen Frühlingswind.«

6

Januar

Johanna Spyri

Artur und Squirrel, 1888

»Wer heute in die alte Stadt kommt, von der ich reden will, und vor das schöne gotische Rathaus unter den mächtigen Linden, wird vergebens nach den Gewölben ausschauen, die in dieser Geschichte immerhin eine gewisse Rolle spielen.«

7

Januar

Anna Croissant-Rust

Winkelquartett.
Eine komische Kleinstadtgeschichte, 1908

»Man schreibt Weltgeschichte – aber die eigentliche Geschichte der Menschen, die intime Geschichte der Seelen liegt wie verhüllt; Einer suchte sie dem Andern zu verbergen und dann wundern sie sich, wenn sie fremd und kalt nebeneinander hergehen – fremd und kalt, als gingen sie sich nichts an.«

Januar

Marie von Olfers

Jungfer Modeste, 1876

»Im Namen des Namenlosen will ich beginnen, obgleich ich mich so weit von ihm entfernt fühle.«

Januar

Emmy
Ball-Hennings

Das Brandmal, 1920

»Henrike hatte vom Ufer aus die Pracht des Götteraufzuges bewundert, ohne es sich träumen zu lassen, daß Jan muthwilligerweise eine Rolle als Schiffsmatrose auf seinem Kahne übernommen hatte um seiner Neugier, die Freuden der vornehmen Gesellschaft gründlich kennen zu lernen, zu genügen.«

Januar

**Luise Reinhardt
(Ernst Fritze)**

Solitude, 1863

»Ich möchte mich jetzt, am Lebensabend, noch einmal in Erinnerungen ergehen, mich wieder in meine glückliche Kindheit zurückversetzen, in meine schöne Heimat.«

11

Januar

Erinnerungen von Rosa von Gerold, 1908

Rosa
von Gerold

»Am 10. September 1897 werden es hundert Jahre, daß Mary Wollstonecraft Godwin, eine der interessantesten Frauengestalten des 18. Jahrhunderts, gestorben ist.«

12

Januar

Helene Richter

Mary Wollstonecraft –
die Verfechterin der Rechte der Frau, 1897

»Ich wurde als erstes Kind des Grafen Ludwig Alexander August Duroux de Bueil aus seiner Ehe mit Emilie Marie Renata Therese de Belsunce am 13. Januar 1787 geboren und mit großer Freude aufgenommen, obwohl meinem Vater, als dem letzten seines Stammes, ein Sohn erwünschter gewesen wäre.«

Januar

Katharina von Bechtolsheim

Erinnerungen einer Urgrossmutter, 1903

»Dreie wohnten zusammen,
eine alte Frau, ein Mops und
ein kleines Mädel.«

14

Januar

Marie von Olfers

Herr Mops, 1863

»Auf dem Schlosse des alten Grafen Amadeus, war heute Alles in großer Bewegung.«

15

Januar

Caroline de la Motte Fouqué

Frauen Liebe. Ein Roman, 1818

»Also tausend Dank, Wolfine!«

16

Januar

Frieda von Bülow

Im Hexenring.
Eine Sommergeschichte vom Lande, 1901

»Der pyrenäische Friede vom Jahre 1659 zwischen Frankreich und Spanien, war geschlossen; die Vermählung Ludwigs des Vierzehnten war, unter vielen Schwierigkeiten, zu Stande gekommen, und der Kardinal Mazarin, voll Stolz, dem Lande die Ruhe zurückgegeben zu haben, schien nun des Glanzes und der Ehre unbedingt genießen zu können, zu deren höchster Stufe das Glück ihn erhoben hatte.«

17

Januar

Marie-Madeleine de La Fayette

Henriette von England, 1720

»Niemand wird mich vermissen;
Niemand! sagte Gräfinn Pauline;
und verließ das Courzimmer.«

18

Januar

Friederike Helene Unger

Gräfinn Pauline, 1800

»Im Jänner, am Tage, an dem der Bauernregel nach die erste Regung des Lebens in den erstarrten Bäumen erwachen soll, wurde die Kleine geboren.«

19

Januar

Marie von Ebner-Eschenbach

Die arme Kleine, 1903

»Der Knabe schüttelte den Kopf.«

20

Januar

Sophie Wörishöffer

Kreuz und quer durch Indien. Irrfahrten zweier junger deutscher Leichtmatrosen in der indischen Wunderwelt, 1890

»In Paris lebt seit vielen Jahren der Inhaber einer Waffenfabrik, gebürtig aus Deutschland, mit Namen Holm, welcher auf seiner Wanderschaft in jener Hauptstadt gelangend, ein Unterkommen in der Werkstatt eines Landsmannes gefunden hatte, und nachgehends dessen Schwiegersohn und Erbe geworden war.«

21

Januar

Frau von W.

Die Sprache des Herzens.
Vier Novellen von der Frau von W., 1838

»Der, dem der rechte Geist gegeben,
 Und auch des Wortes rechter Klang,
 Tritt kühn damit hinaus in's Leben,
 Folgt seines Herzens innerm Drang.«

22

Januar

Sophie Auguste Dethleffs

Gedichte, 1850

»Bei Gerhard, dem ersten Restaurant einer großen deutschen Handelsstadt, hatte sich im Spätherbst des Jahres achtzehnhundertzweiunddreißig nach dem Theater eine Gesellschaft von jungen Leuten in einem besondern Zimmer zusammengefunden, die anfänglich während des Abendessens heiter die Begegnisse des Tages besprach, allmählich zu dem Theater und den Schauspielern zurückkehrte und nun in schäumendem Champagner das Wohl einer gefeierten Künstlerin, der Giovanolla, trank, welche an jenem Abende die Bühne betreten hatte.«

23

Januar

Fanny
Lewald

Jenny, 1843

»Wer immer Catherine Morland in ihrer Kindheit kannte, hätte nie vermutet, daß sie zur Heldin geboren war.«

24

Januar

Jane Austen

Die Abtei von Northanger, 1817

»Wenn das Gefühl erhabener ist, als der Gedanke, wenn die Zuneigung für die, welche geliebt werden, mehr Werth haben, als die Talente und das Wissen, so haben diese Blätter ein Verdienst, das man ihnen nicht bestreiten kann; sie sind von der aufrichtigsten Hingebung eingegeben worden.«

25

Januar

Dora
d'Istria

Die deutsche Schweiz und die
Besteigung des Mönchs, 1858

»Ich weiß gar nicht, warum gerade ich heirathen soll!«

26

Januar

Marie Nathusius

Elisabeth: Eine Geschichte, die nicht mit der Heirat schließt, 1851

»Herr Liebermann, ein reicher Kauf- und Fabrikherr in der Provinzialstadt L., hatte vor fünf und zwanzig Jahren daselbst eine kleine Material-Handlung als Herr und Diener zugleich eröffnet.«

27

Januar

Eulalia
Merx

Philine. Ein Roman, 1852

»Tante Sophie hatte die Klammerschürze vorgebunden und nahm Wäsche von der Leine.«

28

Januar

Die Frau mit den Karfunkelsteinen, 1860

Eugenie Marlitt

»Unter den jungen Malern, die den Ruhm deutscher Kunst in Paris aufrecht halten, zog zu der Zeit, wo diese Erzählung beginnt, vornehmlich Walther L. die allgemeine Aufmerksamkeit auf sich.«

29

Januar

Betty Paoli

Die Welt und mein Auge. Novellen, 1844

»Ihr Brief hat mich unendlich erfreut – vor allem, weil er weniger traurig klingt, als ich gefürchtet hatte.«

30

Januar

Elisabeth von Heyking

Briefe, die ihn nicht erreichten, 1902

»Du mußt mich drei Tage nach der Regenzeit besuchen, dann ist der Nil zurückgetreten, und große Blumen leuchten in meinen Gärten, und auch ich steige aus der Erde und atme.«

31

Januar

Else Lasker-Schüler

Die Nächte der Tino von Bagdad, 1907

»An einem sonnigen Maimorgen gingen zwei Herren über die Brücke in Paris, die den Namen *pont neuf* führt.«

1

Februar

Karoline Pierson

Das graue Haus in der Rue Richelieu.
Eine Criminalgeschichte, 1867

»Spät nachmittags an einem kalten Februartage saßen zwei Gentlemen in einem gut ausmöblierten Speisesaal in der Stadt P. in Kentucky bei ihrem Weine.«

2

Februar

Harriet Beecher-Stowe

Onkel Toms Hütte, 1852

»›Was soll dein kaltes Schweigen, finst'rer Priester?‹«

3

Februar

Marie Eugenie Delle Grazie

Saul. Tragödie in fünf Akten, 1885

»Die politische Gleichberechtigung der Frau ist in Deutschland noch ein *noli me tangere* und ich fürchte, dass die Kritik, die meine bisherigen Arbeiten mit liebenswürdigem Wohlwollen aufgenommen hat, es mir beim Lesen des blossen Titels dieser Schrift entziehen wird.«

4

Februar

Die politische Gleichberechtigung der Frau, 1898

Eliza Ichenhaeuser

»Ein Obsthändler war mit seiner Frau über Land gegangen.«

5

Februar

Clara Fechner

Nußknacker und Zuckerpüppchen, 1854

»Es würde schwer sein, inmitten einer größeren Stadt ein besser gelegenes Haus zu finden, als das war, in welchem ich geboren wurde und die ersten Tage der Kindheit verlebte.«

6

Februar

Malwida von Meysenbug

Memoiren einer Idealistin, 1876

»Zur hundertjährigen Jubelfeier der französischen Revolution rüstete auch Karl Faber, ein junger österreichischer Dichter, zur Reise nach Paris.«

7

Februar

Juliane
Déry

Katastrophen, 1895

»Leid und Wonne sind nur Namen,
Die das Herz, wie bald! vergißt,
Und die Welt ist bloß der Rahmen,
Der das Menschenbild umschließt!«

8

Februar

Betty Paoli

Lyrisches und Episches, 1855

»Schon mit zwölf Jahren – jetzt zähle ich bald fünfzehn – pflegte ich mich mit den kleinen Ärgernissen des Lebens nicht mehr abzugeben, sondern nahm alles, sogar das ›Erzogenwerden‹, mit stoischer Ruhe hin, die aber leider bei meinem Papa nicht immer die genügende Anerkennung fand, sondern mit dem Namen ›heillose Unempfindlichkeit‹ belegt wurde.«

9

Februar

Hermine Villinger

Schulmädelgeschichten, 1893

»Alles, was frei, eigenwüchsig, kühn, todverachtend und lebenausschöpfend war, hiess bei ihnen van Braakel.«

10

Februar

Elisabeth Siewert

Van Braakel, 1909

»Die rüstige Waschfrau Josepha Lakomy dankte alle Morgen dem lieben Herrgott andächtig für zwei Dinge: erstens, daß er ihren Mann zu sich in die himmlischen Gefilde genommen, und zweitens, daß er ihr Töchterlein Marie in diesem irdischen Jammertal belassen hatte.«

11

Februar

Marie von Ebner-Eschenbach

Die Unverstandene auf dem Dorfe, 1889

»Nie konnte ich die Geschichte vergangener Zeiten mit Aufmerksamkeit überschauen, noch die jetzt lebende Welt mit scharfem, beobachtendem Blick betrachten, ohne in der Suche von den traurigsten Gefühlen des Kummers und Unwillens niedergeschlagen zu werden.«

12

Februar

Mary Wollstonecraft

Rettung der Rechte des Weibes mit Bemerkungen über politische und moralische Gegenstände, 1793

»Alle Frauen und Mädchen, die sich Kinder des armen Volkes nennen, möchte ich fragen, ob sie schon jemals darüber nachgedacht, warum ihr ganzes Dasein, ihr ganzes Leben nichts ist als eine ununterbrochene Kette von Entbehrungen, Leiden und Jammer?«

13

Februar

Adelheid Popp

Die Arbeiterin im Kampf um's Dasein, 1895

»Mein Herz – Niemandem.«

14

Februar

Else Lasker-Schüler

Mein Herz, 1912

»Was singst du, kleine Nachtigall,
Mit leisem Ton, mit lautem Schall
Die süßen Minnelieder?«

15

Februar

Marie S. C. von Plessen

Gedichte, 1847

»Mein Thema ist in der Einladung zu dieser Vorlesung genau gekennzeichnet; Sie wissen nicht nur, daß noch einmal über die Stellung der Frauen in Österreich gesprochen werden soll, sondern auch, daß ich die Vorzeit heranziehen will, um auf diesem Wege die Gegenwart zu veranschaulichen.«

16

Februar

Marianne Hainisch

Seherinnen, Hexen und die Wahrvorstellen über das Weib im 19. Jahrhundert, 1896

»Seit vier Wochen war ich in Genua.«

17

Februar

Sophie Mereau

Das Blüthenalter der Empfindung, 1794

»So unfreundlich und finster, wie ein Ehemann, der bei geringem Kassebestand und schmalen Einnahmen, erst kürzlich bedeutende Rechnungen des Kaufmanns für kostbare Shawls und Kleiderstoffe seiner eleganten Gattin zu bezahlen genöthigt gewesen ist – so unfreundlich, sage ich, blickte ein Februartag aus dem grauen Wolkenschleier hervor.«

18

Februar

Emilie Flygare-Carlén

Die glückliche Omnibusfahrt, 1858

»Ein Gleichheitsfieber hat alles erfaßt.«

19

Februar

Elsa Asenijeff

Aufruhr der Weiber und das Dritte Geschlecht, 1898

»Daß ich lebe, und Kraft und Muth zur Arbeit habe, dank ich Ihnen, mein ewig werther Freund.«

20

Februar

Friederike Helene Unger

Julchen Grünthal. Eine Pensionsgeschichte, 1784

»Wie der Graf Ettore Priuli die Treppen des Hotel Danieli herunterging, kam er sich gedemütigt und lächerlich vor.«

21

Februar

Carry Brachvogel

Die große Gauklerin, 1915

»Eifrig und ernst, mit hochaufgestreiften Blusenärmeln und einer großen Achselschürze aus rotem Kattun, sitzt Huberta Sollacher in dem für die ›Leut‹ bestimmten Jägerstübel des väterlichen Forsthauses am großen alten Eichentisch über einer von jungen Mädchen gewiß selten geübten Beschäftigung.«

22

Februar

Frida Schanz

Huberta Sollacher, ca. 1900

»Scarlett O'Hara war nicht eigentlich schön zu nennen.«

23

Februar

Margaret Mitchell

Vom Winde verweht, 1936

»Es war Nacht.«

24

Februar

Anna Katharine Green

Das Filigran-Herz, 1906

»Es hatte die ganze Nacht hindurch gestürmt.«

25

Februar

Elisabeth Bürstenbinder

Ein Gottesurteil, 1885

»Ich bin soeben von einem Besuche bei meinem Grundherrn, dem einzigen Nachbar, mit dem ich geplagt sein werde, zurückgekehrt.«

26

Februar

Emily Brontë

Wuthering Heights, 1847

»Die Mutter muß sich eine Alte nehmen, eine Alte muß sie sich nehmen, – nein – darauf besteh' ich!«

27

Februar

Helene Böhlau

Ein Sommerbuch, 1903

»Vor sechs bis acht Jahren erhob sich auf dem Gipfel des Riesen, jenes gewaltigen Giganten, der gewissermaßen den Wächter bildet an den Eingangsthoren zum Berner Oberland, noch nicht das gastliche Haus, welches jetzt auf der Höhe den müden Wanderer empfängt.«

28

Februar

Luise Büchner

Das Schloß zu Wimmis, 1864

»Draußen lag der dichte Schnee auf den Bergen und den dunklen Dächern der kleinen rheinischen Stadt.«

29

Februar

Charlotte Niese

Mein Freund Kaspar, 1911

»Friedrich Mergel, geboren 1738, war der einzige Sohn eines sogenannten Halbmeiers oder Grundeigentümers geringerer Klasse im Dorfe B., das, so schlecht gebaut und rauchig es sein mag, doch das Auge jedes Reisenden fesselt durch die überaus malerische Schönheit seiner Lage in der grünen Waldschlucht eines bedeutenden und geschichtlich merkwürdigen Gebirges.«

1

März

Annette von Droste-Hülshoff

Die Judenbuche, 1842

»In der Irrenanstalt des Doctor Behrend, in der Nähe Berlins, machte eine alte Frau – sie mochte nah an sechzig sein – Aufsehen.«

2

März

Hedwig Dohm

Werde, die Du bist!, 1894

»›Also weil der Herr Geheimrath mich gestern geistreich gefunden hat, soll und muß ich ihn heirathen?‹, fragte Clementine und sah dabei lachend ihre jüngere Schwester, die Frau des Professors Reich, an, die ganz erhitzt auf dem Sopha ihres Wohnzimmers saß.«

3

März

Fanny Lewald

Clementine, 1843

»Es war ganz unmöglich, an diesem Tage einen Spaziergang zu machen.«

4

März

Charlotte Brontë

Jane Eyre, 1847

»Mathilde H., ein früheres Dienstmädchen, war 45 Jahre alt, unzählige Male vorbestraft wegen groben, im Rausch verübten Unfugs, Vagabundage und Gewerbsunzucht.«

5

März

Henriette Arendt

Erlebnisse einer Polizeiassistentin, 1910

»Es war einmal ein Junge.«

6

März

Selma Lagerlöf

Die wunderbare Reise des kleinen Nils Holgersson
mit den Wildgänsen, 1906

»Der Zweck des vorliegenden Buches ist, eine Fülle von praktischen Ratschlägen, Lebensregeln und Warnungen zur Erhaltung und Wiedergewinnung der körperlichen und seelischen Gesundheit den Frauen auf ihren oft so dornenvollen Lebensweg mitzugeben.«

7

März

Anna Fischer-Dückelmann

Die Frau als Hausärztin, 1911

»Wohl schon seit einem Viertel-Jahrhundert spricht man auch in Deutschland von einer ›Frauenbewegung‹, deren Anhängerinnen bemüht sind, die Gleichstellung des Weibes mit dem Manne zu erringen.«

8

März

Emma Ihrer

Die Organisationen der Arbeiterinnen Deutschlands, ihre Entstehung und Entwickelung, 1893

»Kein Menschenherz geht schmerzlos durch dies Leben.«

9

März

Wilhelmine Heimburg

Aus dem Leben meiner alten Freundin, 1894

»Wir Deutschen sind noch nicht aus der Gewohnheit gekommen, die Vereinigten Staaten von Amerika als das gelobte Land für alle Menschen anzusehen.«

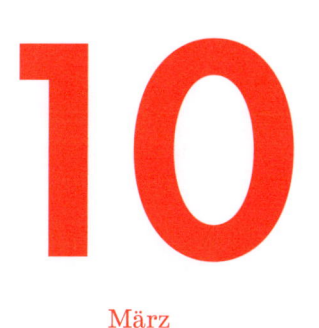

10

März

Charlotte Niese

Bilder und Skizzen aus Amerika, 1891

»Da das Motto auf dem Titel dieses Buchs manchen Leser verleiten dürfte, hier große tragische Begebenheiten oder irgend ein ungeheures Verbrechen zu erwarten, und da diese Erwartung, weil sie durch den einfachen Inhalt des Buchs getäuscht wird, der Aufnahme desselben schaden würde: so sey es mir erlaubt, diesem möglichen Vorwurfe, so wie noch einer Besorgnis, nähmlich der Deutung oder Nachweisung der in dem Romane vorkommenden Charaktere, mit einigen Worten zu begegnen.«

11

März

Caroline Pichler

Frauenwürde, 1844

»In ein freundliches Stübchen schauten die Sonnenstrahlen und spielten mit hellen Streiflichtern auf der grauen Tapete.«

12

März

Clara Bülow

Nach der Arbeit, 1866

»Köln.«

13

März

Nanny Lambrecht

Vor dem Erwachen, 1930

»Es sind die lebenswahrsten Biographien, in denen die geschilderten Personen mit ihren eigenen Worten direkt zu dem Leser sprechen und der Verfasser nur das verbindende Glied, der Erklärer ist.«

14

März

Eufemia von
Adlersfeld-Ballestrem

Elisabeth Christine, Königin von Preußen,
Herzogin von Braunschweig-Lüneburg:
Das Lebensbild einer Verkannten, 1908

»Ein einziges Wort hat alles
wieder lebendig gemacht!«

15

März

Rosa Mayreder

Idole: Geschichte einer Liebe, 1899

»›Können die Thränen des Himmels
Sie nicht aufhalten?!‹«

16

März

Charlotte von Kalb

Briefe von Charlotte v. Kalb an Goethe, 1892

»Der Frühling meines Lebens ist dahin, diese grauen Haare sind Zeuge davon.«

17

März

Christiane Benedikte Naubert

Die Amtmannin von Hohenweiler, 1791

»Heute habe ich alles wieder gesehen, alles, wonach ich mich lange sehnte, und von dem ich immer träumte.«

18

März

Charlotte Niese

Reifezeit, 1908

»Mrs Dalloway sagte, sie wolle die Blumen selber kaufen.«

19

März

Virginia
Woolf

Mrs Dalloway, 1925

»Wenngleich die Frauen immer viel in der Politik gewirkt, liefert doch die Weltgeschichte nur ein einziges Beispiel, daß sie ganz allein einen Friedensschluß zu Stande gebracht haben.«

20

März

Fanny Arndt

Der Frauen Antheil an der modernen Weltgeschichte, 1877

»Ueber diese Geschichten ist Gras gewachsen; sie führen uns zurück fast bis zum Anfange des Jahrhunderts, in einen Sommertag, der sich mit nordischer Klarheit über die fetten Tristen, über die mit Saatenreich bedeckten Aecker ausspannte.«

21

März

Emma Niendorf

Ueber diese Geschichten ist Gras gewachsen, 1863

»Aber, wie ist es Euch doch möglich, daß Ihr so ohne alle Noth Euch ängstigen, und mit Schattenbildern quälen könnt, welche doch nur eine kranke Phantasie gestalten kann?«

22

März

Johanna
Neumann

Konradin von Schwaben, der letzte Hohenstaufen, 1831

»Es war an einem der ersten schönen Frühlingsmorgen.«

23

März

Dorothea Schlegel

Florentin, 1801

»Vor elfhundert Jahren lag im Schussenthal an der Heerstraße, die nach dem Bodensee führt, der Flecken Altdorf.«

24

März

Thekla Schneider

Irmentrud, 1897

»Es war Frühling geworden.«

25

März

Nataly von Eschstruth

Hofluft, 1883

»Genau drei Wochen vor Ostern war es, als Mutter die sorglich gesparten Eier in das weiche Nest unter dem Herd legte und die große schwarze Henne darauf setzte.«

26

März

Marianne Wolf

Zwei Familien, 1886

»Als eines Abends plötzlich er erblaßte,
 Als seine Stimme unverhofft verstummte
 Im halbgesproch'nen Wort, als seine Augen
 So brennend heiß, mich schwer verwundeten
 Mit Leiden, die ihm eigen, wie ich wähnte –
 Als seine Züge von der Gluth durchflammt,
 Die nimmermehr erlischt, sich lebend prägten
 In meiner Seele tiefsten, tiefsten Grund,
 Da liebt' er nicht, ich liebte, ich allein.«

27

März

Marceline Desbordes-Valmore

Erinnerung, 1848

»Habt ihr schon mal unser Nesthäckchen gesehen?«

28

März

Else Ury

Nesthäkchen und ihre Puppen, 1913

»Der leicht erregbare, eifersüchtige Patriotismus der Franzosen, der andern Nationen so oft zum Vorbild, nicht selten auch als nützlicher Sporn zur Anspannung der eigenen Kraft diente, hat sie dennoch nicht verhindert, mehr als einmal im Laufe ihrer Geschichte die Leitung des Staates fremden Händen anzuvertrauen.«

29

März

Charlotte Lady
Blennerhasset

Frau von Staël, ihre Freunde und ihre Bedeutung in
Politik und Literatur, 1887

»Die See ging hoch.«

30

März

Sophie Verena

Ueber Alles die Pflicht, 1870

»Raimund war von den zärtlich liebendsten Eltern geboren, denen nach Trennungen und stürmischen Geschicken ein kurzes, aber reines Glück vergönnt wurde.«

31

März

Caroline von Wolzogen

Das Stumpfnäschen, in: Erzählungen, 1826

»Dass ich zwischen fünf und sechs zu Hause sei, hatte ich meinen Freunden und Bekannten zu wissen gemacht.«

1

April

Bertha von Suttner

'Es müssen doch schöne Erinnerungen sein', 1892

»Wer sich die eben verflossenen zehn Jahre vergegenwärtigt, von Blut und Grauen erfüllt, wie wohl niemals eine Zeit in der Geschichte der Menschheit vorher, den überfällt – den Kühnsten, Hoffnungsfreudigsten selbst – eine tiefe Skepsis.«

2

April

Helene Stöcker

Erotik und Altruismus, 1920

»›Sie stand immer vor der Tür und war schnoddrig ...‹ las die Hausfrau und blätterte unwillig im Dienstbuche.«

3

April

Gabriela Zapolska

Käthe. Der Roman eines Dienstmädchens, 1924

»Ungeachtet der Spukereien, welche der gefürchtete Berggeist in der ersten Hälfte des vierzehnten Jahrhunderts, – in welche unsere Legende fällt – ungescheuter trieb als in unsern jetzigen lichtvollen Zeiten, wagte es doch einst ein kühner Mann, sich mitten in Rübezahl's Gebiet häuslich nieder zu lassen.«

4

April

Christiane Benedikte Naubert

Neue Volksmärchen der Deutschen, 1789

»Wenn man eine nahe liegende Vergangenheit berührt, so ist man gewissermaßen zu einer Rechenschaftsablegung verbunden.«

5

April

Maria Feodora von Dalberg

Aus dem Leben einer deutschen Fürstin, 1847

»Wenn wir von Westfalen reden, so begreifen wir darunter einen großen, sehr verschiedenen Landstrich, verschieden nicht nur den weit auseinanderliegenden Stammwurzeln seiner Bevölkerung nach, sondern auch in allem, was die Physiognomie dieses Landes bildet, oder wesentlich darauf zurückwirkt, in Klima, Naturform, Erwerbsquellen, und, als Folge dessen, in Kultur, Sitten, Charakter, und selbst Körperbildung seiner Bewohner: daher möchten wohl wenige Teile unsers Deutschlands einer so vielseitigen Beleuchtung bedürfen.«

6

April

Annette von Droste-Hülshoff

Westfälische Schilderungen, 1845

»Deine große Müdigkeit, Seele,
das ist es, was mir nicht gefällt.«

7

April

Elisabeth zu Wied

Geflüsterte Worte, 1903

»Die Sonne geht unter.«

8

April

Anna Croissant-Rust

Feierabend und andere Münchner Geschichten, 1893

»Oft habe ich versucht, mir meine früheste Kindheit ins Gedächtnis zurückzurufen, doch reicht meine Erinnerung nur bis zu meinem fünften Lebensjahr und ist auch da schon teilweise ausgelöscht.«

9

April

Erinnerungen einer Überflüssigen, 1912

Lena Christ

»Der alte Mesner von Campincolto hatte das Mittagsläuten beendet, noch zitterte der letzte Ton des blechern klingenden Glöckleins in der kalten Kirche, so, als schwebe er auf dem leuchtenden Sonnenstrahl, der durch das romanische Fenster links auf das altersbraune Gestühl über den morschen Beichtstuhl hinweg auf die Fliesen fiel und den kleinen Seitenaltar wie durch einen graugelben Schleier hindurch sehen ließ.«

10

April

Gertrud Lent

Die Kleider unserer lieben Frau, 1910

»Der Spießbürger ist der notwendigste Bestandteil der menschlichen Gesellschaft.«

11

April

Alice Berend

Die gute alte Zeit.
Bürger und Spießbürger im 19. Jahrhundert, 1938

»Die Rosen blühen und die Linden duften.«

12

April

Lily Braun

Memoiren einer Sozialistin – Lehrjahre, 1909

»Die Berechtigung der Bestimmungen des Strafgesetzbuches, nach denen die Frau, die ihre Schwangerschaft unterbricht, bestraft wird, wonach nicht nur der Kurpfuscher oder die ›Weise Frau‹, was berechtigt ist, sondern auch der medizinisch und chirurgisch geschulte Arzt mit schweren Strafen belegt ist, ist heute im Volksempfinden längst überholt, wenn sie überhaupt je bestanden hat.«

13

April

Marie Juchacz

Stimmen gegen §218, 1931

»Es giebt verschiedene
Wege nach Paris.«

14

April

Caroline Auguste Fischer

Vierzehn Tage in Paris, 1801

»Vom freundlichen Dorfe Maienfeld führt ein Fußweg durch grüne, baumreiche Fluren bis zum Fuße der Höhen, die von dieser Seite groß und ernst auf das Thal herniederschauen.«

15

April

Johanna Spyri

Heidis Lehr- und Wanderjahre, 1880

»Das aktive Geschlechtsleben ist eine allen geschlechtlich differenzierten Individuen naturnotwendig eigentümliche Funktion.«

16

April

Geschlechtsleben und
Geschlechtsenthaltsamkeit des Weibes, 1905

Johanna
Elberskirchen

»Wer von Allen, denen daran gelegen ist, sich mit der Geschichte des Menschen bekannt zu machen und zu erforschen, wie dieses geheimnißvolle Wesen sich unter den mannigfachen Einwirkungen der Zeit entwickelt hat, hätte nicht einmal, wenn auch nur flüchtig, bei dem Leben der heiligen Therese verweilt und hätte nicht milde gelächelt bei dem Gedanken an das kleine Mädchen, das sich eines Morgens Hand in Hand mit seinem noch kleineren Bruder aufmachte, um nach dem Lande der Mauren zu gehen und dort ein Märtyrerthum aufzusuchen?«

17

April

George Eliot

Middlemarch. Eine Studie des Provinzlebens, 1874

»Die alte Wanduhr in der großen Stube des Pastorats Wehlen hatte Nachmittags fünf geschlagen.«

18

April

Johanna Conradi

Lebensbilder aus der baltischen Heimath, 1864

»In Bet il Mtoni, unserem ältesten Palaste auf der Insel Zanzibar, bin ich geboren und dort habe ich bis zu meinem siebenten Jahre gewohnt.«

19

April

Emily
Ruete

Memoiren einer arabischen Prinzessin, 1886

»Es muß auffallen, daß in dem revolutionären Sturm und Drang von 1848/1849 in Deutschland nur wenige einzelne Frauen, noch weniger fordernde Frauenmassen handelnd hervorgetreten sind, geschweige denn Frauenorganisationen, die beherzt und kräftig in das politische und soziale Geschehen eingegriffen hätten.«

20

April

Clara Zetkin

Zur Geschichte der proletarischen Frauenbewegung Deutschlands, 1928

»Erbaut ward der Palast nach Brunelleschis Plänen, / Mit Fresken ausgeschmückt in Donatellos Art – / Und ausgestattet mit erles'ner Pracht.«

21

April

Beatrice von Dovsky

Mona Lisa, Oper in zwei Akten, 1914

»August sitzt an einem Tisch und hat ein Manuscript, welches er ungeduldig aus der Hand legt, und aufsteht.«

22

April

Johanna Franul von Weißenthurn

Das Manuscript, Lustspiel in fünf Aufzügen, 1834

»›Erste, zweite, dritte, vierte – erste, zweite, dritte, vierte – – .‹ Brigitte saß am Klavier und übte.«

23

April

Else Ury

Jugend voraus!
Erzählung fuer Knaben und Maedchen, 1933

»Ein weiter, blauer Himmel dehnte sich über das unvergleichlich schöne Thal von Mexico.«

24

April

Henriette Keller-Jordan

Mexikanische Novellen, 1883

»In Schmerz verloren und alles rings um sich her vergessend, saß der Gatte am Sterbebette der früh dahingeschiedenen Gattin, die sein Alles gewesen war.«

25

April

Amalie Schoppe

Die Verwaisten, 1825

»In den letztvergangenen Jahren hat sich ein wahrer Regenstrom von Pfarrverwesern (Curates) über den Norden Englands ergossen; sie liegen dick über die Hügel ausgesäet.«

26

April

Charlotte Brontë

Shirley, 1849

»Es war nur ein schmaler, unsicher tanzender Sonnenstrahl, der aus dem lichtblauen Maihimmel sich durch ein kleines, tief in dicke Mauern eingezwängtes Fenster auf das gesenkte Haupt eines jungen Mädchens stahl.«

27

April

Dora Duncker

Die graue Gasse, 1906

»Kaum waren wir in B. angekommen, als ich so manchen Gegenstand fand, der meine Aufmerksamkeit auf sich zog.«

28

April

Wilhelmine Halberstadt

Briefe über Moralität, Würde und Bestimmung des Weibes, 1825

»Nicht jeder kann ein Mensch sein.«

29

April

Alice Berend

Bruders Bekenntnis, 1921

»Wenn die publikation von briefen in politisch-historischem und namentlich in literarhistorischem interesse nach unbefangener auffassung in unseren tagen das berechtigte maß zu überschreiten droht, so darf man von briefpublikationen in rein kulturhistorischem interesse das gerade gegenteil behaupten.«

30

April

Magdalena Paumgartner

Briefwechsel Balthasar Paumgartner's des Jüngeren
mit seiner Gattin Magdalena, geb. Behaim, 1895

»Der diesjährige 1. Mai wird in der Welt kapitalistischer Herrschaft noch lauter, herzzerreißender als seine Vorgänger der letzten Jahre von dem Hungerschrei Arbeitsloser umklungen, von denen ungezählte Millionen rettungslos Verhungernde sind.«

1
Mai

Clara Zetkin

Hungermai, Blutmai, roter Mai, 1932

»Es war eimal ein kleines
 Mädchen, das hieß Lisbeth.«

2

Mai

Mary von Olfers

Das Märchen vom alten Drachen und der treuen Lisbeth, 1883

»Die Frau, die dem Manne aus einer Handschrift vorlas, mußte den Inhalt nahezu auswendig wissen, denn sie saß in einer Halbbeleuchtung, die ganz gewiß kleidsamer als erhellend war.«

3

Mai

Ida Boy-Ed

Glanz, 1920

»›Ja, mein Kind‹, sagte die Mutter eines Tages zu mir, ›es wird doch am besten sein, dass Du dem Rathe des Herrn Pfarrers folgst und die Stelle annimmst, von der er mit uns sprach; ich sehe wohl, für eine junge Dame Deines Standes, wenn sie mittellos ist, sind hier nur Demüthigungen zu erwarten.‹«

4

Mai

Sophie Junghans

Verflossene Stunden, 1871

»Ludwig Schmidhammer drehte die Karte, die er in der Hand hielt, hin und her.«

5

Mai

Hennie Raché

Liebe, 1901

»Es gehört zu den tröstlichen Erfahrungen im Menschenleben, daß junge, frische Herzen nie lange in trostlosen Jammer versinken, daß mit dem lebensvollen Pulsieren ihres Blutes auch die Fähigkeit verbunden ist, rascher wieder anregende Eindrücke in sich aufzunehmen.«

6

Mai

Luise Reinhardt (Ernst Fritze)

Schloss Bärenberg, 1867

»Ganz Straßburg atmete auf, als am 7. Mai des Jahres 1770 gegen Mittag endlich der ewige Regen aufhörte und die Sonne, wenn auch noch blaß und schwächlich, durch den Nebel hindurchschaute.«

7

Mai

Anselma Heine

Der Zwergenring.
Erzählung aus Goethes Jugendland, 1925

»Über dem Teich, hoch im blauen Frühlingshimmel, hing lange und unbeweglich ein dunkler Punkt.«

8

Mai

Eugenie Marlitt

Die zweite Frau, 1874

»›Kakadu‹ hatte sie der zwölfjährige Bengel des Hausbesitzers genannt als er sie zum erstenmal ohne Hut über den Hof gehen sah und seitdem nannten alle im Hause das Fräulein den ›Kakadu‹.«

9

Mai

Anna Croissant-Rust

Der Kakadu,
in: Der Kakadu und Prinzessin auf der Erbse, 1896

»Zehn Uhr Abends.«

10
Mai

Louise Otto

Schloß und Fabrik, 1846

»Schloß Nevershuus lag grau und schwerfällig unter hohen Bäumen mit seinen breiten Seitenflügeln und dem viereckigen Turm, der kaum das Dach überragte.«

11

Mai

Franziska zu Reventlow

Ellen Olestjerne, 1903

»Im Mai des Jahres 1893 saß in London ein Mann von etwa zwei und dreißig Jahren in seinem Studirzimmer an einem mit Papieren bedeckten Tische und betrachtete einen Brief, den er, nach dem Aeußern desselben zu urtheilen, bereits mehr als einmal gelesen haben mußte.«

12

Mai

Aline von Schlichtkrull

Eine verlorene Seele, 1853

»Es gehört zu den Wahrzeichen unserer Zeit, daß alle großen Tages- und Monatsblätter für die Frauenfrage ihre Spalten offen haben, daß unzählige Broschüren, ja dickleibige Bände sich mit ihrer Lösung beschäftigen.«

13

Mai

Helene Lange

Frauenbildung, 1889

»Mit langen Schritten lief Doktor Stillfried in seinem Arbeitszimmer hin und her.«

14

Mai

Dora Duncker

Doktor Stillfried, 1913

»Dem Dichter eignet das Amt, Notwendigkeiten seiner Zeit zu erfüllen, ohne um sie eigentlich zu wissen.«

15

Mai

Emmy von Egidy

Selma Lagerlöf und Ricarda Huch, 1928

»Ich bin nicht gesinnet, in Erzehlung der Geschichte des Königlichen Sclaven, den geneigten Leser mit den Begebenheiten eines erdichteten Helden, dessen Leben und Zufälle jeder nach seinem Gehirn einrichten kann, abzuspeisen, noch zu der wahren Beschaffenheit mehrere Sachen beyzufügen: sondern wie sich in der That eräuget und mit seinen eignen merkwürdigen Umständen und sonderbaren Verwirrungen von selbst recommendabel; weil sonder Zusatz oder Erfindung vieler andern Ebentheuren die würckliche Historie ohnedem beliebt und ansehnlich genug erscheinen dörffte.«

16

Mai

Lebens- und Liebes-Geschichte des
Königlichen Sclaven Oroonoko in West-Indien, 1688

Aphra Behn

»Die Wohnungen der Reichen in der komerciellen Hauptstadt der Vereinigten Staaten wetteifern an Pracht der Einrichtung und Glanz der Ausschmückung mit den Palästen von London.«

17

Mai

Charlotte
Mary Yonge

Wilfred Montressor oder Die Sieben, 1853

»Prachtliebe und höfisches Wesen standen in Frankreich niemals in solchem Glanze wie in den letzten Jahren der Regierung Heinrichs II.«

18

Mai

Marie-Madeleine de La Fayette

Die Prinzessin von Clèves, 1678

»Und was ist unterm Mond / Denn wohl die Rede werth als Liebe.«

19

Mai

Johanna I. E. von Wallenrodt

Prinz Hassan der Hochherzige bestraft durch Rache und glücklich durch Liebe, 1796

»Sie war die Königin der Tanzstunden – daran hätte selbst der Neid nichts geändert – wenn ihrer sanften Liebenswürdigkeit, ihrer holden, heiteren Güte gegenüber wirklich etwas so Häßliches wie Neid hätte aufkommen können.«

20

Mai

Frida Schanz

Aus der Tanzstunde, in: Mit sechzehn Jahren. Lustige Mädchengeschichten, 1900

»Weiß scheint die Maisonne auf die Vorgärten des Villenviertels.«

21

Mai

Ilse Frapan

In der Stille, 1897

»Mein Verleger fürchtet vielleicht, daß er in dieser Erzählung kein Product für die Leihbibliotheken, kein Büchelchen für Toiletten und Theetische herausgibt.«

22

Mai

Therese Huber

Ellen Percy oder
Erziehung durch Schicksale, 1822

»Wenn mich meine Mutter nicht gewöhnt hätte, mein theures Ich für ein äußerst viel bedeutendes Wesen zu halten, welches, wie es sich auch betragen, oder was es sich durch böse oder dumme Streiche zuziehen möchte, dennoch sehr in Ehren zu halten wäre; so würde ich mich schwerlich entschlossen haben, mein Leben und meine Thaten zur Wissenschaft des respektablen Publikums zu bringen.«

23

Mai

Johanna I. E. von Wallenrodt

Fritz, der Mann wie er nicht seyn sollte oder Die Folgen einer übeln Erziehung, 1800

»Die Familie, die uns den Entzifferer der ägyptischen Hieroglyphen gegeben hat, entstammt dem Dauphiné.«

24

Mai

Hermine Hartleben

Champollion. Sein Leben und sein Werk, 1906

»In Deine lieben Hände will mein Buch ich legen; Dann wird ihm treues Weggeleit, dann wird ihm Segen!«

25

Mai

Sophie v. Waldburg-Syrgenstein

Erschautes und Erdachtes, 1904

»Es gehört mit zu meinem Lebe, nahe oder fern jeden Genuß mit Dir zu theilen, den eine freundliche Laune meines Schicksals mir gönnt.«

26

Mai

Charlotte
von Ahlefeld

Briefe auf einer Reise durch Deutschland und die
Schweiz im Sommer 1808, 1810

»Die Lage, worin ich mich gegenwärtig befinde, ist recht eigentlich dazu gemacht, meiner Phantasie einen ganz neuen Schwung zu geben.«

27

Mai

Friederike Helene Unger

Bekenntnisse einer schönen Seele, 1806

»Hier in meinem lichten Atelier ist es endlich zur Aussprache zwischen uns gekommen, und nirgends anders durfte es auch sein, – denn von sämtlichen Männern, die ich gekannt, gehörst du am engsten und intimsten in alles das hinein, was mich als Künstlerin angeht: mehr vielleicht noch, wie wenn du selbst ausübender Künstler wärst.«

28

Mai

Lou Andreas-Salomé

Eine Ausschweifung, 1898

»Aber, lieber Onkel, warum sind sie denn so aufgebracht?«

29

Mai

Elizabeth Inchbald

Ich will ihnen was erzählen, 1792

»Die Geschichte hebt an um die Zeit, da unser lieber Herr bereits seine Himmelfahrt getan, den Heiligen Geist gesendet und das Heu auf den Wiesen gut und dürr genug gemacht hat zum Heimführen.«

30

Mai

Lena Christ

Madam Bäuerin, 1919

»Maigrün schmückte die Fluren über welche die Sonne herauf den Bergen zuzog, die das herrliche Turin, wie ein Panorama, umschließen, als ein junger Cavalier, gefolgt von einem Reitknechte, gestreckten Galoppes die Collinä hinaufsprengte, auf deren Gipfel die prächtige Kirche des Superga steht, welche König Victor Amadeus I. zum Begräbnißplatze seines Hauses in dieser luftigen Höhe erbaut hat.«

31

Mai

Amely Bolte

Vittorio Alfieri und seine vierte Liebe
oder Turin und Florenz, 1862

»All', was mir ahnend durch die Seele fluthet,
Mit gleichem Wellenathem, wie das Meer
Vor meinem Fenster, – leis bald, sanftverhauchend,
Dann wieder wild und jeden Dammes spottend
Und unentrinnbar, unerbittlich, ehern,
Erst Traum, dann Schicksal, Glück und Tod
und Wahnsinn.«

1

Juni

Hermione von Preuschen

Via passionis: Lebenslieder, 1895

»Abgesehen von ihrer Gefährlichkeit, müssen die Kinderhochzeiten des Mittelalters einen allerliebsten Anblick gewährt haben.«

2

Juni

Charlotte
Mary Yonge

Die Perlenschnur oder
Der weiße und die schwarze Ribaumont, 1869

»In einem der elegantesten Quartiere des Hotel Impérial zu Genf ruhte auf dem Sofa eine junge Frau.«

3

Juni

Ferdinande von Brackel

Die Tochter des Kunstreiters, 1875

»Der Zöllner Levi ben Alphas war ein vielgehabter Mann zu Kapharnaum am See Tiberias.«

4

Juni

Anna von Krane

Der Zöllner, 1915

»Aber sagt mir nur Dummkopf, wo habt ihr eure Augen, dass ihr Sie nicht seht?«

5

Juni

Marianne Ehrmann

Graf Bilding.
Eine Geschichte aus dem mittleren Zeitalter, 1788

»Ein so allgemein geliebtes Vergnügen, eine so häuffig gesuchte und so wiederholte Beschäftigung des größern Teils des weiblichen Geschlechts, die zugleich – ich sage es aus Selbstprüfung und Erfahrung – so heftig auf Herz und Sinnlichkeit wirkt, verdient wol einige nähere Beleuchtung in einer Schrift, die zunächst häusliches Glück befördern und daher auch gegen Alles arbeiten will, was dieses vermindert oder gänzlich zerstört.«

6

Juni

Pauline zur Lippe

Zur Frauenzimmer-Moral, 1789

»Die sele kam zuo der minne und gruoste si mit tieffen sinnen und sprach: ›Got gruesse úch, vro minne.‹«

7

Juni

Mechthild von Magdeburg

Das fließende Licht der Gottheit, ca. 1250

»Glutheiß war es auf dem Balkon.«

8

Juni

Else Ury

Nesthäkchen und der Weltkrieg, 1916

»Er – denn es war kein Zweifel über sein Geschlecht möglich, wenn auch die Kleidermode der Zeit mit einigem Erfolg bemüht schien, es unkenntlich zu machen – er war also damit beschäftigt, den vom Sparrenwerk herabbaumelnden Kopf eines Mohren säuberlich zu zersäbeln.«

9

Juni

Virginia Woolf

Orlando, 1929

»Seit langer Zeit schon war die Familie Dashwood in Sussex ansässig.«

10

Juni

Jane Austen

Verstand und Gefühl, 1811

»In Rom war das Haus der Baronin von Lengen ein erfreulicher Vereinigungspunkt für alle vornehme und gebildeten deutschen Landsleute, indem sie hier durch Sprache, Einrichtung und Gebräuche den flüchtigen Traum heimischen Daseins hervorgezaubert fanden.«

11

Juni

Frau von W.

Adele, in: Der Delphin. Ein Almanach, 1839

»Dämmerung lag noch auf der Erde, und der Morgen rang mit der Nacht um die Alleinherrschaft.«

12

Juni

Marie Schramm

Schwester Carmen, 1880

»Nacht war's im Wald ... er stöhnt im Sturmeswehn; Könnt ihr das Feuer wohl darinnen sehn?«

13

Juni

Marie von Olfers

Simplizitas, 1884

»Wie die scheidende Sonne mit ihrem letzten Strahl oft noch das Herz entzückt, so wohl auch einmal der Blick aus brechendem Menschenauge.«

14

Juni

Christine Thaler

Die letzte Liebe eines Mächtigen, 1880

»Sage mir niemand mehr, daß schon alles dagewesen sei.«

15

Juni

Thekla Merwin

Die Groteske der Gerechtigkeit, 1912

»Der König Krantimor war ein so rechtschaffner Mann, daß er sich geradezu auf seinen Thron setzen mußte, um jemand zu überzeugen, er sey daran gewöhnt.«

16

Juni

Caroline Auguste Fischer

Mährchen, 1802

»Obgleich Manche glauben, daß ein Kochbuch für einen Haushalt eine ganz überflüssige und zum Luxus reizende Anschaffung sei, so widerlegt sich dies sicher bei solchen Büchern von selbst, welche von einer sparsamen Hand, die zu geben und zu nehmen weiß, geschrieben sind.«

17

Juni

Henriette Davidis

Praktisches Kochbuch für die gewöhnliche und feinere Küche, 1845

»Die Junisonne leuchtete hell vom wolkenlosen Himmel herab, und schmückte die Wälder und Fluren unseres schönen deutschen Vaterlandes mit doppeltem Reize; das Korn stand schon hoch, in den Hecken blühte die wilde Rose, auf den Wiesen schnitt der Landmann das durstige Gras zur ersten gesegneten Ernte: da fuhr, es sind jetzt hundert Jahre, ein Postzug die einsame Landstraße des nördlichen Baiern hin, der sächsischen Grenze zu.«

18

Juni

Amely Bolte

Maria Antonia oder
Dresden von hundert Jahren, 1860

»Vor langen, langen Jahren erhob sich in einer waldreichen, einsamen Gegend Schottlands das stattliche Schloß Tamlanshill.«

19

Juni

Marie Timme

Elfenreigen, 1877

»Im Garten zu Gethsemane war es, wo der wiederauferstandene Gottessohn sich als schlichter Gärtner der büßenden Sünderin zeigte.«

20

Juni

Wilhelmine von Hillern

Am Kreuz.
Ein Passionsroman aus Oberammergau, 1890

»Dies Buch dürch eine Fraw beschribn
Wird man gwiß darumb mehr beliebn
Weiln dergleichen nie gesehen
Von Frawn so geistreich ausgehen:
Man wolls nur lesen und betrachtn
Vnd auff der Spötter Red nicht achtn
Die da sagen: es scy nicht fein
Das ein Fraw ein *Scribent* will sein.«

21

Juni

Anna Ovena Hoyer

Geistliche und Weltliche Poemata, 1650

»Hie steht das schöne drey der netten Charitinnen / Die Mütter solcher Lust / Als Kunst und Tugend bringt.«

22

Juni

Die Kunst- und Tugendgezierte Macarie, 1867

Maria Catharina Stockfleth

»Im ersten Jahrzehnt ihres Lebens spielte sie mit Puppen, im zweiten wurde sie selbst eine Puppe, erst im dritten war sie gänzlich entpuppt.«

23

Juni

Maria Janitschek

Lilienzauber, 1895

»Das Leben ist fragmentarisch; die Kunst soll ein Ganzes schaffen!«

24

Juni

Louise Aston

Aus dem Leben einer Frau, 1847

»Ich darf mich in der That zu glücklich schätzen, liebe Cousine, wenn ich zu Ihrer Verbindung mit Herrn von Mondoville beitragen kann.«

25

Juni

Germaine de Staël

Delphine, 1802

»Im Jahre 1773 ging Amaliens Vater, der Freiherr Carl von Imhoff aus Mörlach bei Nürnberg in englische Dienste nach Indien.«

26

Juni

Henriette von Bissing

Das Leben der Dichterin Amalie von Helvig, 1889

»Übelgelaunt, wie seit Jahren fast immer, wenn er sein Haus betrat, kam Edmund aus der glänzenden Assemblée zurück, und eilte, ohne seiner kranken Frau zu Gedenken, in sein einsames Zimmer.«

27

Juni

Marie S. C. von Plessen

Edmund und Blanka und Anastasia und Irmgard, 1824

»Wie schön, wie herzerfreuend ist der Anblick eines blühenden Fruchtbaumes.«

28

Juni

Julie
Burow

Buch der Erziehung in Haus und Schule, 1855

»Es hatte schon mehrere
Tage lang gewittert.«

29

Juni

Marie Petersen

Die Irrlichter, 1856

»Selbst unter den Katholiken
lassen sich gar manche blicken
(kann auch mich selber nicht befrei'n
von jenem Vorwurf als gänzlich rein,)
die der gebildeten Sprache wegen
der heidnischen Schriften Eitelkeit
vor der heiligen Schriften Nützlichkeit
den Vorrang zu geben pflegen.«

30

Juni

Roswitha von Gandersheim

Die Comödien der Nonne Hrotswitha, 10. Jh.

»Mutter, ich habe Hunger.«

1

Juli

Bertha Pappenheim

Frauenrecht, 1899

»Zur Zeit des Ausbruchs der französischen Revolution lebten in und bei Kassel zwei Frauen gleichen Namens, beide schön, geistreich und liebenswürdig.«

2

Juli

Charlotte Diede

Lebensbeschreibung und Briefe, 1846

»Das Dorf Kaltwasser lag zwischen Bergen tief und heimlich hingebaut, wie ein Kinderstübchen.«

3

Juli

Henriette Hanke

Sämtliche Schriften: Der jüngste Tag, 1844

»Es war einmal ein altes Schloß, umfaßt von hohen Bergen, das selber auf einem hohen Berg lag, etwas niederer als die ihn umgebenden.«

4

Juli

Gisela von Arnim

Das Leben der Hochgräfin Gritta von Rattenzuhausbeiuns, 1840

»Papa, Diana hat Junge!«

5

Juli

Emmy von Rhoden

Der Trotzkopf. Eine Pensionsgeschichte für erwachsene Mädchen, 1883

»In dem Pfarrhause zu Oberwaldau waren Gäste angekommen, Städter aus der rebenumblühten Residenz des Schwabenlandes.«

6

Juli

Louise Zeller

Unter dem Lindenbaum, 1868

»Ich will, meine Liebe! das Versprechen halten, so ich dir machte, als wir letzthin bey deinem Bruder von Glück und Vergnügen redeten, und ich behauptete, daß die Vorsicht allen Ständen und jeder Zeit des menschlichen Lebens von beydem einen gewissen Theil bestimmt habe: und daß die Klagen des Mangels meistens darin liegen, wenn man eine falsche Idee von Glück und Vergnügen habe.«

7

Juli

Sophie von La Roche

Briefe an Lina als Mädchen. Ein Buch für junge Frauenzimmer, die ihr Herz und ihren Verstand bilden wollen, 1785

»Nun, wovon lebt denn unser Kindchen?«

8

Juli

Thekla Naveau

Aus des Kindes Heimath, 1865

»Es war am Tage nach Johannis im Jahre 1530, als in Stendal ein ungewöhnliches Leben und Treiben, ein fröhliches, neugieriges Rennen und Laufen zu bemerken war.«

9

Juli

Luise Reinhardt (Ernst Fritze)

Die Wollenweber von Stendal im Jahre 1530, 1846

»In Kinderjahren schon fühlt' ich
Beruf zum Dichten,
Und hohe Gluth in meiner Brust;
Kein Spiel, kein Puppentand konnt'
ihn in mir vernichten,
Den Trieb zu edler, beßrer Lust!«

10

Juli

Philippine Gatterer

Mein poetischer Lebenslauf, in: Gedichte, 1778

»Wundere dich nicht über meinen Einfall, dir dieses Blatt zu schreiben.«

11

Juli

Maria Anna Sagar

Karolinens Tagebuch, 1774

»Einer, der es wissen muß, sprach kürzlich einmal von den Büchern, die heutzutage das deutsche Publicum am meisten kauft.«

12

Juli

Marie Herzfeld

Menschen und Bücher. Literarische Studien, 1893

»Die Basis aller Sittlichkeit und die Bedingung jedes sozialen Fortschritts ist Gerechtigkeit.«

13

Juli

Anna Pappritz

Die positiven Aufgaben und strafrechtlichen Forderungen der Föderation, 1904

»Mitternacht war nahe.«

14

Juli

Louise Zeller

Die Kaiserbraut, 1865

»Als ich vor zehn Jahren mit meinem Gatten U. verließ, um uns nach Amerika einzuschiffen, führte unser Weg nach St., wo wir einige Tage bei einem Jugendfreund meines Reinhard weilen wollten, dem das Schicksal hier seinen Herd gebaut und das Glück ein holdes, liebes Weib bescheert hatte.«

15

Juli

Fanny Tarnow

Thekla, 1830

»Meine Seele leidet Gewalt.«

16

Juli

Frida Bettingen

Gedichte, 1922

»Es hatte soeben ein Uhr geschlagen.«

17

Juli

Ilse Frapan

Arbeit, 1903

»Mein Reisegefährte und ich verließen an einer kleinen Haltestelle den Zug, der uns langsam durch fränkisches Land gebracht hatte.«

18

Juli

Sophie Hoechstetter

Das Memoire von Schwaningen, 1912

»Heiß brannte die Julisonne auf den sauber gepflegten Rasen, die Rosenrabatten und die Beete voll bunter heiterer Sommerblumen.«

19

Juli

Dora Duncker

Auf zur Sonne, 1916

»Ich bin mir bewusst durch die folgenden Ausführungen entweder ein mitleidiges oder ein ironisches Lächeln derjenigen zu veranlassen, die bisher ausschliesslich ›berufen‹ waren, sich praktisch und theoretisch mit der Judenfrage in Galizien zu beschäftigen.«

20

Juli

Bertha Pappenheim

Zur Judenfrage in Galizien, 1900

»Als die Großmutter ein junges
 Mädchen war, sah es in der Welt
 noch anders aus als heute.«

21

Juli

Emilie Mataja
(Emil Marriot)

Der abgesetzte Mann, 1916

»Neulich verlangtest Du von mir, ich sollte die Delphine der Frau von Stael lesen, um Dir meine Meinung darüber zu sagen.«

22

Juli

Dorothea Schlegel

Gespräche über die neuesten
Romane der Französinnen, 1803

»Der freundliche Herr Doktor, der den Entscheid gegeben hatte, daß das Kind Heidi wieder in seine Heimat zurückgebracht werden sollte, ging eben durch die breite Straße dem Hause Sesemann zu.«

23

Juli

Johanna Spyri

Heidi kann brauchen, was es gelernt hat, 1881

»›Herr Doktor, wie steht's mit dem Gruber?‹ fragte Schwester Rosa, als der Spitalarzt sich anschickte, die Treppe hinabzusteigen.«

24

Juli

Maria
von Buol

Früchte der Heimat, 1948

»Über dem verfilzten Venn-
boden schwamm die Glut der
niedergehenden Sonne.«

25

Juli

Nanny Lambrecht

Das Haus im Moor, 1906

»In Mainz begaben wir uns auf das Dampfboot, und es schien daß von vorn herein unsre Reise eine niederländische Färbung erhalten sollte, denn der Name unseres Schiffes war ›de Nederlander‹.«

26

Juli

Luise von Ploennies

Reise-Erinnerungen aus Belgien, 1845

»Seid mir gegrüßt,
Ihr längst ersehnte Fluren
Und du Burgund,
mein väterliches Land!«

27

Juli

Karoline von Günderode

Poetische Fragmente, 1805

»Ich danke dir, geliebte Freundin, für deine Liebe, für alles, was du mir da gesagt, was ich auch lange in dir geahndet, für deine Treue, für deine Zuneigung; aber mein Herz ist selten eines vertraulichen Gesprächs mehr fähig; ich bitte dich, liebe Elissa, laß mich allein.«

28

Juli

Charlotte von Stein

Dido, 1867

»Es war Abenddämmerung.«

29

Juli

Fredrika Bremer

Geschwisterleben, 1848

»Der Mensch ist mit zweierlei geistiger Begabung ausgestattet: mit Hilfe seiner Sinnesorgane kann er die Außenwelt wahrnehmen, mit seinem Augen die Welt schauen, und er kann in seinem eignen Innern mit Hilfe des Verstandes ›denken‹.«

30

Juli

Gertrud Grunow

Natürliche Formentwicklung, 1938

»Ein alter König der Icanier hatte neun Töchter, und dieser König war vielleicht einer von den Weisesten, aber keinesweges von den Mächtigsten, die jemals Kronen getragen haben.«

31

Juli

Christiane Benedikte Naubert

Velleda. Ein Zauberroman, 1795

»Die Steinfinnssöhne nannten die Leute ein Geschlecht, das in den Gemeinden rings um den Mjössee lebte zu der Zeit, da Harald Gilles Söhne in Norwegen herrschten.«

1

August

Sigrid Undset

Olav Audunssøhn, 1925

»Dem brühend heißen Sommertage war ein wundervoll erquickender Abend gefolgt.«

2

August

Hedwig
Prohl

Brauseköpfchen, 1920

»So lege ich denn mein junges Buch froh in Ihre Hände, glücklich darüber, dass Sie, verehrte Frauen, in so überaus gütiger, liebevoller Weise demselben vor seinem öffentlichen Erscheinen entgegengekommen sind.«

3

August

Louise Esche

Aus der Frauen- und Märchenwelt, 1859

»Ein elfjähriger Knabe schlich sich durch den Garten der Lepida.«

4

August

Alma Johanna Koenig

Nero – der jugendliche Gott, 1947

»Aber, so werden Sie sagen, wir baten Sie doch, über Frauen und Fiction zu sprechen – was hat das mit einem Zimmer für sich allein zu tun?«

5

August

Virginia Woolf

Ein Zimmer für sich allein, 1929

»Dein Löwenhaupt sitzt auf einem festen Nacken.«

6

August

Juliane Déry

Selige Liebe, 1896

»Um die Zeit der großen Französischen Revolution sah man, noch mehrere Jahre hindurch, an den Ufern der Rhone, im südlichen Burgund, ein höchst prachtvolles, alterthümliches, Schloß sein unerschüttertes Dasein behaupten, während unscheinbare Besitzungen längst der freigegebenen Willkühr weichen mußten.«

7

August

Caroline de la
Motte Fouqué

Magie der Natur, 1812

»Ihm war, als ginge er
mitten unter den Sternen.«

8

August

Maria Janitschek

Kreuzfahrer, 1897

»›Lord Vernon ist eben in den Hof geritten‹, trat Frederik anmeldend in das Gemach, in welchem sich Lady Arabella mit ihrer Tante befand.«

9

August

Amalie Schoppe

Frederik und Arabella, 1828

»Dies Buch ist für die Guten und nicht für die Bösen.«

10

August

Bettina von Arnim

Goethes Briefwechsel mit einem Kinde, 1840

»Für die deutsche Frau und Mutter ist das Kind die Erfüllung des Lebens, die Fortsetzung des eigenen Ichs, der warme und tiefe Strom, in dem die Quellen ihrer Selbstsucht verrinnen und das große und endlose Opfer beginnt, zu dessen Erfüllung das Herz und der Mut des echten Weibes gehört.«

11

August

Marie zur Megede

Frauengedanken über Menschenerziehung, 1907

»Frau von Riesa stand am Turmfenster ihres Gutshauses.«

12

August

Emmi Lewald

Kinder der Zeit, 1846

»Spatz beschreibt seine merkwürdige Geburt, welche gleich zeigt was für ein merkwürdiger Mann er werden wird, da er schon im Ei klug ist.«

13

August

Gisela von Arnim

Aus den Papieren eines Spatzen, 1848

»Anton Renard hatte es auf mehrern musikalischen Instrumenten zu einer seltenen Fertigkeit gebracht und sich in verschiedenen Gegenden Deutschlands Ruhm erworben.«

14

August

Sophie Mereau

Marie, 1798

»Das Problem der Geschlechtspsychologie, in deren Vordergrund die Weiblichkeit steht, bewegt sich der Hauptsache nach um die Frage: Ist das Weib als Persönlichkeit durch das Geschlecht an eine bestimmt umschriebene Geistigkeit gebunden, oder liegt in der weiblichen Psyche die glciche Möglichkeit einer unbeschränkten Differenzierung nach Individualität wie in der männlichen?«

15

August

Rosa Mayreder

Zur Kritik der Weiblichkeit, 1905

»Tante Lehnsmann brachte mir gestern das Tagebuch als verspätetes Konfirmationsgeschenk.«

16

August

Tagebuch einer Verlorenen: Von einer Toten, 1905

Margarete Böhme

»Die Sommernacht breitete ihre Schleier über die müde Erde, in tiefer, traumhafter Ruhe lag der Hochwald, mit seinen weithinschattenden Eichen und düsteren Fichten, zwischen die sich schlanke, weiße Birkenstämme drängten.«

17

August

Sophie von Niebelschütz

Die Zigeunerprinzessin, 1900

»Eine braune Holztür, glatt, mit vielen dunklen Flecken.«

18

August

Maria Lazar

Die Vergiftung, 1920

»In der zweiten Hälfte des neunten Jahrhunderts, also zu einer Zeit, wo es im Innern des Harzes noch keine menschlichen Wohnstätten gab, wo nur schmale Wildpfade die dunklen Urwälder im Thal und auf der Höhe durchschnitten, lebte in jenen Waldgründen, welche den Fuß des Rennekenberges umziehen, ein uralter Mann, Namens Wulferich.«

19

August

Carola von Eynatten

Harzsagen: Sagen und Geschichten, 1889

»Ich war an einem der letzten Karnevalstage in Rom angekommen.«

20

August

Klara Bauer

Die geheimnisvolle Sängerin, 1876

»Ich kann meinem Herzen nicht die Freude versagen, Dir, teurer Wilhelm, ein paar Zeilen zu schreiben.«

21

August

Caroline von Humboldt

Wilhelm und Caroline von Humboldt
in ihren Briefen, 1829

»Über den Wogenkämmen der Ostsee flatterten unruhig die Möven mit schrillem Ruf.«

22

August

Marie Bernhard

Verkauft und verloren, 1905

»Es ist eine allgemein anerkannte Wahrheit, daß ein alleinstehender Mann, der ein beträchtliches Vermögen besitzt, einer Frau bedarf.«

23

August

Jane
Austen

Stolz und Vorurteil, 1813

»Mit siebzehn Jahren war ich ein recht überspanntes Ding.«

24

August

Bertha von Suttner

Die Waffen nieder!, 1892

»Johann Gottfried von Herder wurde den 25. August 1744 zu Mohrungen im Königreich Preußen geboren.«

25

August

Maria Caroline Flachsland

Erinnerungen aus dem Leben
Joh. Gottfrieds von Herder, 1809

»Zwei reiche Männer, beide Bürger, Fabrikbesitzer und in allen Dingen respectabel, saßen an einem jener süßen klaren Abende, wie sie der August unserm Norden zuweilen bietet, auf einer Stelle, die der Schönheit der duftigen Belcuchtung nicht einmal bedurft hätte, um wahrhaft entzückend zu sein, obgleich noch keines Dichters Lied, keines Malers Pinsel sie verherrlichte, obgleich keine Touristen dorthin pilgern, um in ihren Tagebüchern der Welt davon zu erzählen.«

26

August

Julie Burow

Künstlerliebe, 1859

»Auf den Mittagshöhen des Lebens stehe ich, und alle Herrlichkeit der Welt ist mein.«

27

August

Ich bekenne: Die Geschichte einer Frau, 1904

Clara Müller-Jahnke

»Die Geschichte, wie die Walter Hanni eine alte Jungfer geworden ist und warum sie von den Leuten in der ›Blauen Gans‹ Jungfer Mutter genannt wurde, ist nicht so leicht und schnell zu erzählen, als man meinen könnte, daß sich ein armes kleines Leben erzählen läßt.«

28

August

Ada Christen

Jungfer Mutter. Eine Wiener Vorstadtgeschichte. 1892

»Mit dem Formensystem der ternären biquadratischen Form beschäftigen sich Arbeiten von Gordan, Maisano und Pascal.«

29

August

Emmy Noether

Über die Bildung des Formensystems der ternären biquadratischen Formen, 1908

»Es ist schon so viel für und wider den allen Frauen gemeinschaftlichen Wunsch, zu gefallen, gesagt worden, und zwar unter vielem leeren Geschwätz oder nichtssagenden Deklamationen auch so manches verständiges Wort, daß wir uns billig enthalten, hier weitläufig zu erörtern, ob jener Wunsch an sich lobens- oder tadelnswerth sey.«

30

August

Charlotte
Leidenfrost

Die junge Hausfrau vor der Toilette,
am Näh- und Putzmachertisch, als Wirtschafterin
und Bewirtherin, 1824

»Es war der erste Abschied zwischen ihnen, für eine sehr lange Zeit, für eine sehr lange Entfernung.«

31

August

Elisabeth Dauthendey

Vivos voco: Von den Ufern des Lebens, 1908

»Der Garten des kurfürstlichen Rates, des Herrn Emmerich Bube, lag vor der Stadt Hannover, zwischen dieser und dem Dorfe Linden, und am heiligen Pfingsttage – man schrieb das Jahr des Herrn siebzehnhundertundacht – hatte sich nach dem zweiten Kirchgange die ganze Familie des Raths hinausbegeben.«

1

September

Sophie Junghans

Lore Lay, 1897

»Endlich bin ich mit meiner Rechnung fertig und kann wieder an die Arbeit gehen.«

2

September

Amalie von Sachsen

Lüge und Wahrheit, 1836

»Mitten im belebtesten Osten Londons und doch abseits von dem lauten geschäftlichen Treiben steht ein stilles Eckhaus.«

3

September

Bertha Pappenheim

Kämpfe. Sechs Erzählungen, 1916

»In einer Zeit, da die Frauenbewegung, die Arne Gaborg den ›größten Gedanken des XIX. Jahrhunderts‹ genannt hat, ihren Zielen, wenn auch nur schrittweise, immer näher und näher kommt, ist es begreiflich, daß ihr eine Gegenbewegung erwächst, die ihr in stürmischem Tempo an den Leib rückt.«

4

September

Grete Meisel-Heß

Weiberhaß und Weiberverachtung, 1904

»Er hatte in der Nacht von weißen Büschen geträumt, deren Blumen aus Perlen bestanden.«

5

September

Maria Janitschek

Frauenkraft, 1900

»Mein lieber, lieber, lieber, lieber blauer Reiter Franz Marc.«

6

September

Else Lasker-Schüler

Der Malik, 1919

»Nu sol ich rede rechen vil vorhtlîchen / von dem jungisten tage, alse ich vernomen habe / unde von der êwigen corone, die got gibet ze lône / swelhe wole gestrîten an dem jungisten zîte.«

7

September

Frau Ava

Das Jüngste Gericht, um 1190

»Es ist zu allen Zeiten die Frage erörtert, auch viel darüber gestritten worden: ob auch das weibliche Geschlecht der Gelahrheit sich befleissen solle?«

8

September

Dorothea Christiane Leporin

Gründliche Untersuchung der Ursachen, die das weibliche Geschlecht vom Studieren abhalten, 1742

»Es war im September, der stillsten Zeit des Pariser Lebens.«

9

September

Lou Andreas-Salomé

Fenitschka, 1898

»Endlich hat der Sturm ausgetobt, der Jahre lang die halbe Welt verwüstete, der jede Aussicht in die Zukunft so verdunkelte, daß fast niemand Muth behielt, nur den Gedanken eines Plans für die nächsten Tage zu wagen.«

10

September

Johanna Schopenhauer

Ausflucht an den Rhein, 1818

»Mein Vater war Kaufmann.«

11

September

Therese Devrient

Jugenderinnerungen, 1905

»Weit und unabsehbar dehnt sich vor deinen Blicken die Pußta.«

12

September

Marie Eugenie Delle Grazie

Die Zigeunerin, 1885

»Die allgemeinen Beschaffenheiten der Dinge, welche in der Hauptwissenschaft vorgetragen werden, erschöpfen bei weitem noch nicht die Reichthümer der Wahrheit, und sind nur ein unendlich kleiner Theil von dem, was wir wissen können, und nur die Gründe aller menschlichen Erkenntniß, aber nicht der Inbegriff derselben.«

13

September

Johanna Charlotte Unzer

Grundriß einer natürlichen Historie und eigentlichen Naturlehre für das Frauenzimmer, 1751

»Am 1. Mai 1846 verließ ich Wien und ging, einige kleine Unterbrechungen zu Prag, Dresden, Leipzig abgerechnet, gerade nach Hamburg, um mich von da nach Berlin einzuschiffen.«

14

September

Ida
Pfeiffer

Eine Frauenfahrt um die Welt, 1850

»Wenn wir in aller Kürze einen hervorstechenden Charakterzug der modernen Literatur angeben wollen, so müssen wir sagen, dass sie in den letzten zehn Jahren ausnehmend *ernst* geworden ist.«

15

September

Ella Mensch

Die Frau in der modernen Literatur, 1898

»Der Wald war weit und schwieg.«

16

September

Frances Kiilpe

Kinder der Liebe, 1912

»Madame Legros, Besitzerin eines kleinen Schnittwarengeschäftes, fand eines Tages auf der Straße ein Bündel Schriften; die Hülle war durch die Feuchtigkeit zerfasert, die Siegel aufgeweicht.«

17

September

Emma
Adler

Die berühmten Frauen der
Französischen Revolution 1789–1795, 1906

»Das Haus lag an der Berglehne und überblickte die Stadt im Tal und langgestreckte Höhen jenseits davon.«

18

September

Lou Andreas-Salomé

Das Haus. Eine Familiengeschichte vom Ende des vorigen Jahrhunderts, 1921

»Düster brannten die Kerzen, und warfen einen dämmernden Schimmer durchs Gemach hin; blau und erlöschend loderte das Flämmchen unter der Theemaschiene; vollendet war das der Göttin Langeweile gebrachte Opfer, der zu Ehren die Opfernden, zweimal schon, die ganze Tonleiter durchgegähnt hatten.«

19

September

Friederike Helene Unger

Rosalie und Nettchen, 1801

»Sie saß auf ihrem zierlich gepufften Divan zwischen den vielen weichen gestickten Kissen, mit der Broderie eines weiteren Kissens beschäftigt.«

20

September

Laura Marholm

Zur Psychologie der Frau, 1897

»Vor uralter Zeit lag tief im Schwarzwalde eine Burg, die man nur die uralte Veste nannte; in der Zeit, in welcher wir mit ihr bekannt wurden, kaufte sie der Ritter Liebetreu dem letzten Stammerben ab, den man ringsumher den uralten Ritter hieß; das aber auch beynahe alles ist, was wir euch liebe Leser, von ihm sagen können; auch werdet ihr nicht viel dabei verlieren, denn so wie uns der uralte Ritter aus dem Gesichte schwindet, können wir ihn ganz vergessen, indem seiner wenig mehr in unsrer Tage gedacht werden wird, und bei dem Wenigen ist es besser für ihn, daß er weit weg ist, indem es just nicht zu seiner Ehre klingt.«

21

September

Sophie Albrecht

Graumännchen oder Die Burg Rabenbühl, 1799

»Der Buchhändler Willmar war ein sehr geachteter Mann gewesen, sein Verlagsgeschäft eines der bekanntesten und thätigsten.«

22

September

Fanny Lewald

Adele, 1855

»Da aus öffentlichen Schriften einiger berühmten Männer, die mich noch vor kurzem ihrer ganz besondern Gewogenheit würdigten, jetzt allgemein bekannt ist, daß sie meine veränderte Lebensart sehr mißbilligen; auch jedermann weiß, wie hart und unbillig die beste Sache Gottes, der ich mich öffentlich gewidmet habe, von einigen durch Vorurtheile verblendeten Geistlichen verurtheilt wurden: so freue ich mich, daß sich mir diese bequeme Gelegenheit anbietet, da die würdigen Zeugen der Wahrheit und treuen Vorsteher unsrer Kirche, de Labadie, Yvon und Dulignon, ihr Glaubensbekenntniß, oder die Vertheidigung ihrer Orthodoxie, der Welt vorgelegt, und den giftigen Pfeilen der Verläumdung entgegengesetzt haben, auch meinen Zweck, der von dem ihrigen nicht sehr verschieden ist, glücklich zu erreichen.«

23

September

Anna Maria von Schürmann

Eukleria oder Erwählung des besten Theils, 1783

»An einem kühlen und regnerischen Herbstabend saßen drei Personen in einem Schlößchen in der Brie träumerisch vor dem Kamin und beschäftigten sich damit, die Holzklötze brennen und den Zeiger der Standuhr langsam weiterschleichen zu sehen.«

24

September

George Sand

Indiana, 1832

»Ich war zweiundzwanzig Jahre alt, als ich mich in Petersburg niederließ.«

25

September

Sofja Wassiljewna Kowalewskaja

Die Nihilistin, 1896

»Die Schwester stand mit dem Arzt auf dem kleinen Flur vor dem Parterresaal der Verwundetenbaracke.«

26

September

Gabriele Reuter

Ins neue Land, 1916

»... und leise wischt die Nacht
ihre Farben hinweg.«

27

September

Nanny Lambrecht

Die Statuendame!, 1908

»Die akademische Zeit ist dem Zeitraum nach kein Stufenjahr.«

28

September

Louise von François

Stufenjahre eines Glücklichen, 1877

»Draußen wüthete der Krieg mit seinem gräßlichen Gefolge: Brand und Plünderung; in den Häusern, in denen die beängsteten Einwohner der Stadt sich vor körperlicher Mishandlung und dem Eindringen der feindlichen Krieger zu bergen suchten, herrschte die Beklommenheit eines noch ganz ungewissen Geschicks.«

29

September

Adele Schopenhauer

Anna, 1845

»Die Buchenwipfel schauerten im Morgenwind.«

30

September

Gabriele Reuter

Der Amerikaner, 1907

»Fernes Gewittergrollen verliert sich im lauten Treiben des Menschenstroms, der die schwülen Straßen füllt.«

1

Oktober

Helene Böhlau

Halbtier!, 1899

»Die Sonntagsglocken läuteten.«

2

Oktober

Nataly von Eschstruth

Frühlingsstürme, 1899

»Meine Mutter, Anna Weber, die älteste Tochter des Leinenindustriellen Carl Weber in Oerlinghausen bei Bielefeld, starb in ihrem 23. Lebensjahr nach der Geburt ihres zweiten Kindes.«

3

Oktober

Marianne Weber

Lebenserinnerungen, 1948

»Verschollener Geschlechter Asche stäubt / Um meinen Fuß.«

4

Oktober

Marie Eugenie Delle Grazie

Robespierre, 1894

»Man schrieb 1793.«

5

Oktober

Amalie Schoppe

Marat, 1838

»Jesus Christus gehet entgegen
dem betrübten Widfräulein
der ihr einiger Sohn gestorben
war und spricht.«

6

Oktober

Elisabeth von Brandenburg

Der Widwen Handbüchlein, 1598

»Die meisten müssen arbeiten,
um essen zu dürfen, essen, um
wieder arbeiten zu können
und so, mit Sorge, Mühe und
ein bisschen Glück, mahlen sie
die ihnen zugeteilten Tage ab.«

7

Oktober

Alice Berend

Die Reise des Herrn Sebastian Wenzel, 1912

»Der Tanz war vorüber.«

8

Oktober

Anna Katharine Green

Engel und Teufel:
Kriminalroman in drei Teilen, 1899

»Ein freundliches Dörflein breitete sich in der Nähe eines großen Sees aus.«

9

Oktober

Anna Benfey

Das Dorf am See oder Die Wasserfrauen, 1901

»In einem Jahrhundert, in welchem Kultur, Aufklärung und Verfeinerung zu einem so hohen Grade gestiegen sind, sollte man natürlicherweise den Einfluß davon auch auf das andere Geschlecht bemerken.«

10

Oktober

Wilhelmine Karoline von Wobeser

Elisa oder Das Weib wie es seyn sollte, 1795

»Im Oktober 1860 begann in der Landeshauptstadt B. die Schlußverhandlung im Prozeß des Ziegelschlägers Martin Holub und seines Weibes Barbara Holub.«

11

Oktober

Marie von Ebner-Eschenbach

Das Gemeindekind, 1887

»Die Flüsse Isonzo, Tagliamento, Livenza, Piave, Sila, Brenta, Etsch und Po, welche von den Norditalien umkränzenden Alpen dem nordwestlichen Winkel der Adria zuströmen, haben dem Binnenmeere seit grauer Urzeit den Schutt des von Wasser, Luft und Frost ewig benagten Gebirgs zugeführt.«

12

Oktober

Wilhelmine Konstanze Guischard

Venezia, die Königin der Meere, 1877

»Denk ich an ihr Gemach zurück,
so hab ich zu gleicher Zeit auch
immer die Illusion einer intensiven
Lichtempfindung.«

13

Oktober

Marie Eugenie Delle Grazie

Liebe, 1902

»Wir Frauen, Madame, werden nie Vertraute des Geheimnisses werden; nur dies Einzige haben sie unsern Augen nicht entziehen können, daß hier eins verborgen liegt, und ich gebe Ihnen vollkommen Recht, daß, um etwas mehr zu wissen, man selbst die Ahndung verschweigen müsse: hier lasse sich etwas Außerordentliches muthmaßen.«

14

Oktober

Christiane Benedikte Naubert

Fontanges oder Das Schicksal
der Mutter und der Tochter, 1805

»Es kann kein Zweifel sein: die Arbeiterschaft der Welt befindet sich in einer schweren Krise.«

15

Oktober

Rosa Luxemburg

Die russische Revolution, 1922

»Darüber, was Frauen ziemt, sind die Ansichten wohl noch nie so weit auseinander gegangen wie in unseren Tagen, wo die Emanzipation und gleichzeitig die Modernität auf erotischem Gebiet immer weitere Kreise zieht und diesen beiden gegenüber hartnäckiger wie je das Philistertum auf seinen Zopfanschauungen und Zopfgebräuchen beharrt, wie die bekannte hypnotisierte Henne, die sich nicht traut, über den Kreidestrich hinauszugehen.«

16

Oktober

Franziska zu Reventlow

Viragines oder Hetären, 1899

»Stille – Stille! es ist die Stunde des tiefsten Schweigens der Nacht; die unsichtbaren, undurchdringlichen Wolken des Schlafes hängen über der glänzenden Stadt.«

17

Oktober

Marie Corelli

Absinth, 1895

»Der Mensch hat's nicht leicht.«

18

Oktober

Alice Berend

Die Bräutigame der Babette Bomberling, 1915

»An einem rauhen Herbstabende des Jahres 1511 war eine muntere Gesellschaft im Gasthause zum ›Geläute‹, einer der stattlichen Herbergen der alten Stadt Erfurt, versammelt.«

19

Oktober

Elisabeth Ebeling

Das Geläute.
Eine Erzählung für die reifere Jugend, 1867

»Ist es nicht das Schönste am Leben,
daß es immer wieder gut anfängt?«

20

Oktober

Hedwig von Olfers

Der Kinder-Advokat, 1868

»Der Eisenbahnzug schob sich langsam und vorsichtig in die hochgewölbten Hallen des Bahnhofes, glitt an dem Perron entlang bis zu den steinernen Treppen, die abwärts unmittelbar in die Straßen der Stadt führten und hielt dann an.«

21

Oktober

Luise Reinhardt (Ernst Fritze)

Verkauft, 1871

»Ein flacher Sandweg; der Wind fährt ungebrochen drüber hin.«

22

Oktober

Luise Westkirch

Geschichten von der Nordkante, 1903

»Nach dem Tode des eben so weisen als tapferen Königs Friedlef I. von Dänemark gelangte sein erst siebenjähriger Sohn Frotho III. zur Regierung, und da sein zartes Alter es noch nicht zuließ, schon selbst ein so mächtiges Reich zu beherrschen, wurden ihm zwei Räthe zugesellt, die in seinem Namen das Regiment führten.«

23

Oktober

Die Helden und Götter des Nordens, 1832

Amalie Schoppe

»Dorothea Brooke gehörte zu jenen Schönheiten, denen eine dürftige Kleidung zur Erhöhung ihrer Reize zu dienen scheint.«

24

Oktober

George Eliot

Middlemarch, 1872

»Es ist ein schöner, froher Sonntagsmorgen auf dem Lande.«

25

Oktober

Emilie Flygare-Carlén

Eine gute Partie, 1852

»Ein weiß getünchtes Mansardenzimmer, vor dessen niedrigen Fenstern die billigen Gardinen unter dem draußen heftig wehenden Novembersturm leise hin und her schwanken; abgetretene Dielen, in der Nähe des Ofens ein altes schwarzes Ledersofa, an der andern Wand eine schöne alte Rokokokommode mit einem Spiegel darüber; inmitten ein tannener Tisch mit Büchern und Papieren bedeckt und davor ein Mann eifrig arbeitend.«

26

Oktober

Hedwig Schobert

Künstlerblut, 1892

»Im Jahre 1893 kehrte mein Vater nach einjährigem Aufenthalt in Deutsch-Südwestafrika nach Deutschland zurück, um die Seinen nach dem ›dunklen Erdteil‹ hinüber zu holen.«

27

Oktober

Helene von Falkenhausen

Ansiedlerschicksale. Elf Jahre in Deutsch-Südwestafrika 1893 – 1904, 1906

»Hempels bedurften keiner Weckuhr, die erste Straßenbahn, die am Morgen ihren Weg gesaust kam, ließ Betten und Stühle, Tisch und Schrank tanzen und schwingen, als ob ein Zauberstab sie berührt hätte.«

28

Oktober

Alice Berend

Frau Hempels Tochter, 1913

»Wer das Glück hatte, von Jugend an mit bedeutenden Menschen in freundschaftlichem Verkehr zu stehen, bewahrt vieles in seiner Erinnerung, das mit dem eigenen Leben für immer verlischt und doch des Überlieferns wert gewesen wäre.«

29

Oktober

Rosalie Braun-Artaria

Von berühmten Zeitgenossen:
Lebenserinnerungen einer Siebzigerin, 1917

»Wenn du ein Stadtkind bist, kennst du gewiß Vieles nicht, was im Buche vorkommt, und bei manchem Tiere wirst du fragen, ›was ist das?‹«

30

Oktober

Gertrud Caspari

Anschauungs- u. Darstellungsbuch, 1909

»Es wird Dir Freude bereiten, zu hören, dass kein Missgeschick den Anfang des Unternehmens betroffen hat, dessen Vorbereitungen Du mit solch trüben Ahnungen verfolgtest.«

31

Oktober

Frankenstein oder Der Moderne Prometheus, 1818

Mary
Shelley

»Auf den Bergen lag dichter bläulicher Herbstnebel.«

1

November

Wilhelmine Heimburg

Trotzige Herzen, 1897

»Wer kennt nicht die verschiedenen Ausrufsarten, welche tagtäglich in den Straßen mit langgezogenen Endsilben allerhand feilbieten und ankünden?«

2

November

Isabella Braun

Scherz und Ernst, 1861

»Babet und Agathe, zwei sehr hübsche Mädchen von sechzehn und siebenzehn Jahren, saßen an einem rauhen Herbstabende, in der trübseligsten Stimmung von der Welt, ganz allein bei einander.«

3

November

Johanna Schopenhauer

Die Tante, 1834

»›Kraft eignet dem Wissenden‹; das ist ein sehr alter Satz.«

4

November

Helena Petrovna Blavatsky

Die Geheimlehre. Die Vereinigung von Wissenschaft, Religion und Philosophie, 1888

»Schau Likoris! wie schon im Purpurschimmer die Sonne / Näher dem Schooße des Meeres sich neiget, glänzender kräuseln / Steigende Wellen sich dort am Felsengestade des Eilands!«

5

November

Amalie von Imhoff

Die Schwestern von Lesbos, 1800

»Die Entdeckung der Erscheinung der Radioaktivität steht in engem Zusammenhang mit den an die Entdeckung der Röntgenstrahlen sich anschließenden Untersuchungen über die photographischen Wirkungen der phosphorescirenden und flourescirenden Substanzen.«

6

November

Marie Curie

Untersuchungen über die radioaktiven Substanzen, 1903

»Es ist schon manches Jahr her, da stand ich vor einem König voll huldreichem Willen zu mir.«

7

November

Bettina von Arnim

Gespräche mit Daemonen, 1852

»Der Dichter hat recht, meine jungen Freundinnen.«

8

November

Clara Bohm-Schuch

Willst Du mich hören?
Weckruf an unsere Mädel, 1922

»Die Geschichte liefert uns zwar seit jenen im Nebel des Alterthums verhüllten Jahrhunderten viele Beispiele von Härte und Barbaren roher Völker, auch aus den hellern Zeiten, wo es ihr möglich ist, ihre Gegenstände und Thatsachen genauer zu unterscheiden, stellt dic uns hiervon schaudernde Gemälde auf.«

9
November

Johanna I. E.
von Wallenrodt

Was fordert Pflicht und Vortheil der Deutschen?, 1794

»Der erste Ort, an den ich mich erinnern kann, ist eine große, behagliche Wiese, in deren Mitte ein Teich mit klarem Wasser lag.«

10

November

Anna Sewell

Black Beauty, 1877

»Von allen Formen der Unterordnung, auf denen die menschliche Gesellschaft sich aufbaute, die aber mit fortschreitender Zivilisation nacheinander aufgehoben wurden, hat sich die gesetzliche Unterordnung des weiblichen Geschlechts unter das männliche am längsten erhalten.«

11

November

Eliza Ichenhaeuser

Frauenziele: Aufgaben der Frauenbewegung, 1913

»So traulich wie ein Heim steht das kleine Städtchen vor mir.«

12

November

Selma Lagerlöf

Unsichtbare Bande, 1894

»Ich sitze am Fenster.«

13

November

Julie Burow

Aus dem Leben eines Glücklichen, 1852

»Auch die allgemeine und politische Gleichsetzung von Mann und Frau hat unsere Zeit aufs Schild gehoben und wir Deutschen sahen uns oft als rückständig an, nur weil wir noch nicht so weit waren, dies schon vor dem Kriege durchzuführen.«

14

November

Ida
Hahn

Dauernahrung und Frauenarbeit, 1919

»Unter den vielen Armen, die es immer auf der Welt gibt, gab es einmal auch einen Mann und ein Weib, die ganz besonders arm waren, denn sie hatten nicht einmal ein Kind.«

15

November

Milena Theresia
Preindlsberger

Bosnische Volksmärchen, 1905

»Nun denn meine Freundinnen,
euch zur Lust und zu Gefallen,
stimm ich meine Leyer an,
laß ein schönes Lied erschallen.«

16

November

Gedichte der Sappho, 1734

Sappho

»Wohl weiß ich, daß es früher einmal Leute genug gab, die nicht wußten, was das Gruseln heißen will.«

17

November

Selma Lagerlöf

Der Ring des Generals, 1911

»Es reitet die Gräfin weit über das Feld
Mit ihrem gelbhaarigen Töchterlein fein,
Sie reiten wohl in des Pfalzgrafen sein Zelt
Und wollen fein fröhlich und lustig seyn.«

18

November

Auguste
Patberg

Ballade, 1807

»Die vorliegende Schrift will die deutsche Frauenbewegung in ihren wirtschaftlichen Ursachen und geistigen Grundlagen, in ihrer Geschichte und in ihren wichtigsten Theorien darstellen.«

19
November

Marie Bernays

Die Deutsche Frauenbewegung, 1920

»Wer bist du? und warum kann man dich ohne Schmerz nicht lieben?«

20

November

George Sand

Lélia, 1834

»Im November des Jahres 1836 verließ das Dampfschiff Royal Sovereign die mit Nebel bedeckten Küsten von Falmouth, peitschte die Wogen mit seinen Armen und entfaltete seine grauen, feuchten Segel in der schweren Luft, die noch grauer und feuchter war als sie.«

21

November

Cecilia Böhl de Faber (Fernán Caballero)

Die Möwe. Ein spanisches Sittengemälde, 1859

»Dies also, dies ist das Leben,
Michael Unger?«

22

November

Ricarda Huch

Michael Unger, 1903

»Vorliebe empfindet der Mensch für allerlei Gegenstände, Liebe, die echte, unvergängliche, die lernt er – wenn überhaupt – nur einmal kennen.«

23

November

Marie von Ebner-Eschenbach

Krambambuli, 1896

»Unser Herzogsschloß auf der Höhe war länger als ein Menschenalter hindurch ein leerstehendes Gehäus über einer Gruft.«

24

November

Louise von François

Der Katzenjunker, 1879

»Lassen Sie mich, meine geliebte, so lang gewünschte Freundin, einige Thränen über mein Schicksal weinen, das mich von Ihnen entfernt, und alle die süsse Freuden zerstört, die mir ihre Güte und Ihr Geist wechselsweise schenkten.«

25

November

Sophie von La Roche

Rosaliens Briefe an ihre Freundin Mariane von St**, 1780

»Jeder Person, die kochen will, ist die Tugend der Reinlichkeit ganz besonders zu empfehlen; denn alle Speisen gewinnen dadurch nicht nur an Annehmlichkeit für das Auge, sondern werden auch schmackhafter und gesunder.«

26

November

Betty Gleim

Betty Gleim's Bremisches Kochbuch, 1810

»Die Blätter fielen.«

27

November

Lou Andreas-Salomé

Aus fremder Seele. Eine Spätherbstgeschichte, 1912

»Es war etwa zwei Jahre nach der Schlacht von Waterloo, als in einem niederländischen Grenzstädtchen armen Eltern eine Tochter geboren wurde.«

28

November

Louise von François

Die letzte Reckenbürgerin, 1871

»Der Vater meiner geliebten Lady Sidney war der Oberste von Sternheim, einziger Sohn eines Professors in W., von welchem er die sorgfältigste Erziehung genoß.«

29

November

Sophie von La Roche

Geschichte des Fräuleins von Sternheim, 1771

»Es sind allerlei Leute, die sich in diese Geschichte hereindrängen.«

30

November

Anna Schieber

Alle guten Geister ..., 1905

»Alfred von Reichenbach, ein Mann in der Mitte der dreißiger Jahre, saß eifrig arbeitend vor dem Schreibtische in seinem Studirzimmer, das, nach den aufgestellten Bücherschränken, Büsten und Bildern zu urtheilen, auf cinen Besitzer schließen ließ, der Wissenschaften und Künste liebte und über die Mittel gebot, seinen Neigungen Befriedigung zu verschaffen.«

1

Dezember

Fanny Lewald

Eine Lebensfrage, 1845

»Die Geschichte fing damit an, daß der junge Baron Henning bei einem Künstlerball eine Dame kennen lernte, die sich Lucy nannte und durchaus rätselhaft blieb.«

2

Dezember

Franziska zu Reventlow

Der Selbstmordverein, 1917

»Wir sind in der Kanzlei eines berühmten Advokaten in Wien.«

3

Dezember

Sidonie Grünwald-Zerkowitz

Doppelehen!, 1900

»Es klopfte hart und kurz an die Tür.«

4

Dezember

Ida
Boy-Ed

Empori, 1892

»Die Post brachte diesmal einen Passagier!«

5

Dezember

Julie Burow

Ein Arzt in einer kleinen Stadt, 1854

»Emma Woodhouse, hübsch, intelligent und reich, mit einem behaglichen Heim und glücklichen Gaben ausgestattet, schien einige der besten Segnungen des Daseins auf sich zu vereinen und hatte in den knapp einundzwanzig Jahren, die sie auf der Welt war, sehr wenig Kummer und Sorge kennengelernt.«

6

Dezember

Jane Austen

Emma, 1815

»Sich zu putzen, an seinem Äußern zu verschönern, sich zu schmücken, ist ein Trieb, mit dem die Natur mütterlich vorsorgend alle ihre Geschöpfe zielsicher und allweise bedacht hat, theils um diese vor Selbstvernachlässigung und daher vor Verkümmerung zu bewahren, theils um sich bei der Entfaltung der äusseren Reize die Mitwirkung aller Geschöpfe zu sichern.«

7

Dezember

Sidonie Grünwald-Zerkowitz

Die Mode in der Frauenkleidung, 1889

»Man ist es gewöhnt, preisend oder spottend, die altsassische Landschaft zwischen Weser und Rhein, die wir unter dem Namen Westfalen zusammenfassen, als eine Provinz strenger, steifer Erhaltung darzustellen.«

8

Dezember

Louise von François

Judith, die Kluswirtin, 1883

»Soll ich euch eine Geschichte
aus meiner Jugend erzählen?«

9

Dezember

Bertha von Suttner

Franzl und Mirzl, 1905

»Langweilig – diese Wintertage ...«

10

Dezember

Franziska zu Reventlow

Herrn Dames Aufzeichnungen, 1913

»Die Tatsachen, welche diesen Band füllen, entheben mich jeder Vorrede über die theoretische Berechtigung der Frauenbewegung.«

11

Dezember

Käthe Schirmacher

Die moderne Frauenbewegung, 1905

»In einem Lande, wo die hundertblättrige Rose ihre Heimath hat, wo in üppigen Wäldern der Edelfasan lockt, wo edle Menschenbilder seit uralter Zeit auf gesegnetem Boden schreiten, liegt eine nackte, gelbe, sonnendurchglühte, winddurchrauschte Wüste.«

12

Dezember

Ilse Frapan

Schreie, 1901

»Sie saßen zusammen unter der blühenden Hecke, sahen einander mit großen Augen ins Gesicht und nickten eifrig.«

13

Dezember

Elisabeth
zu Wied

Ein Gebet, 1882

»In einem geräumigen Zimmer, dessen Einrichtung so einfach war, dass sie beinahe an Armut grenzte, saßen zwei junge Mädchen in tiefer Trauerkleidung und ein Mann, der die Höhe der Sechzig erreicht haben mochte, um einen runden, mit einer blau und rot gewürfelten Decke bedeckten Tisch.«

14

Dezember

Dora Duncker

Großstadt, 1899

»Ringsum in den Bergen
war es eingeschneit.«

15

Dezember

Lou
Andreas-Salomé

Im Kampf um Gott, 1885

»In dem Zimmer der Baronin Derenberg prasselt ein Holzfeuer im hohen Kamine und verleiht dem Gemach mit den alten geschweiften Meubeln etwas Trauliches, Anheimelndes.«

16

Dezember

Wilhelmine Heimburg

Lumpenmüllers Lieschen, 1878

»Nein – so ging es nicht weiter.«

17

Dezember

Gabriele Reuter

Frauenseelen, 1901

»Wie viel zur Erhaltung der Gesundheit auf die Wahl und Zubereitung unsrer Nahrungsmittel ankomme, hat wohl schon jeder erfahren, welcher, von der Einfachheit einer naturgemäßen Lebensweise abweichend, sich zu den erkunstelten und aus den heterogensten Bestandtheilen zusammengesetzten Genüssen wendete, welche die raffinirten Producte der cultivierten Küche darbieten.«

18

Dezember

Friederike Hehn

Homöopathisches Kochbuch, 1834

»Krankenschwester Lotte Schuhmacher aus Berlin hatte, wie sie selbst sagte, ihre staatliche Prüfung nur mit Ach und Krach bestanden.«

19

Dezember

Rahel Sanzara

Die glückliche Hand, 1936

»Wer es heutzutage als Nichtgelehrter und Nichtpolitiker wagt, zu der ungeheuer umfangreichen Reiseliteratur einen neuen Band hinzuzufügen, muß mindestens mit einer Entschuldigung ausgerüstet sein.«

20

Dezember

Gertrude Bell

Am Ende des Lavastromes, 1907

»In der Morgenstille war nichts vernehmbar als das helle, lang gezogene Trillern der kleinen Buchfinken im jungen Birkenlaub.«

21

Dezember

Lou Andreas-Salomé

Ruth, 1895

»Der Staat ist eine Schöpfung des Mannes.«

22

Dezember

Carry Brachvogel

Eva in der Politik:
Ein Buch über die politische Tätigkeit der Frau, 1930

»Es war in der Zeit, wo die Frauen noch lange Haare und kurzen Verstand hatten und demgemäß in der Versammlung schweigen mussten, dafür aber von Küche und Alkoven aus desto herzhafter die Welt regierten.«

23

Dezember

Isolde Kurz

Vanadis: Der Schicksalsweg einer Frau, 1931

»Ein liebes, armes Knäbchen
Ging barfuß durch den Schnee,
Trug nur ein weißes Hemdlein,
Ihm war's so kalt und weh.«

24

Dezember

Ludovica des Bordes

Christkind, in: Kinderlieder, 1853

»Im Silbernen Stern zu Breiten-
wert stand Mina in der großen
Küche und – wunderte sich.«

25

Dezember

Josephine Siebe

Die Sternbuben in der Großstadt, 1918

»Es liegen mir jetzt sechs abgeschlossene Versuchsreihen am Meerschweinchen vor, in denen ich festgestellt habe, inwieweit es möglich ist, die künstlich erzeugte Miliartuberkulose bei diesen äußerst empfänglichen Versuchstieren durch Methylenblau- und Kupfersalze zu beeinflussen.«

26

Dezember

Maria Gräfin von Linden-Aspermont

Erfahrungen der Kupferbehandlung bei der experimentellen Tuberkulose des Meerschweinchens, 1917

»Der Wagen war vorgefahren, Friedrich knallte mit der Peitsche und die Braunen stampften ungeduldig den Fußboden.«

27

Dezember

Clementine Helm

Backfischens Leiden und Freuden, 1863

»Ein junger Löwenbändiger barbarischer Abkunft, Grypho mit Namen, hatte im Zirkus des Konstantin den Herakles gemimt.«

28

Dezember

Alma Johanna Koenig

Der heilige Palast, 1922

»Durch unsere Zeit rauscht die Flutwelle einer gewaltigen Sehnsucht, der Sehnsucht nach dem Erblühen und Ausleben der freien, starken Persönlichkeit.«

29

Dezember

Clara Zetkin

Der Student und das Weib, 1899

»Es gibt eine Gottheit, die von Allen gesucht wird, und die immer unerkannt über die Erde geht.«

30

Dezember

Isolde Kurz

Von dazumal, 1900

»Silvester war's und ich allein im Hause!«

31
Dezember

Emma Laddey

Ein Jahr in Märchen, 1885

Adler, Emma, *Die berühmten Frauen der Franz. Revolution 1789–1795*, C. W. Stern, 1906
Adlersfeld-Ballestrem, Eufemia von, *Elisabeth Christine. Königin von ...*, A. Schall, 1908
Ahlefeld, Charlotte von, *Die Frau von vierzig Jahren*, W. Hoffmann, 1829
Ahlefeld, Charlotte von, *Briefe auf einer Reise ...*, J. F. Hammerich, 1810
Albrecht, Sophie, *Graumännchen oder ...*, Buchhandlung der Verlagsgesellschaft, 1799
Andreas-Salomé, Lou, *Fenitschka / Eine Ausschweifung*, Cotta, 1898
Andreas-Salomé, Lou, *Das Haus, ...*, Deutsche Buch-Gemeinschaft, 1927
Andreas-Salomé, Lou, *Aus fremder Seele. Eine Spätherbstgeschichte*, dtv, 2007
Andreas-Salomé, Lou, *Im Kampf um Gott*, dtv, 2007
Andreas-Salomé, Lou, *Ruth*, Anaconda, 2017
Arendt, Henriette, *Erlebnisse einer Polizeiassistentin*, Süddeutsche Monatshefte, 1910
Arndt, Fanny, *Der Frauen Antheil an der modernen Weltgeschichte*, Richter, 1877
Arnim, Bettina von, *Goethe Briefwechsel mit einem Kinde*, Insel Verlag, 1984
Arnim, Bettina von, *Gespräche mit Daemonen*, Arnim'scher Verlag, 1852
Arnim, Gisela von, *Aus den Papieren eines Spatzen*, Arnim'scher Verlag, 1848
Arnim, Gisela von, *Das Leben der Hochgräfin Gritta von ...*, Insel Verlag, 1986
Asenijeff, Elsa, *Aufruhr der Weiber und das dritte Geschlecht*, Universität Innsbruck, 2007
Aston, Louise, *Aus dem Leben einer Frau*, Hoffmann u. Campe, 1847
Austen, Jane, *Die Abtei von Northanger*, Insel Verlag, 1992
Austen, Jane, *Verstand und Gefühl*, Insel Verlag, 2008
Austen, Jane, *Stolz und Vorurteil*, dtv, 2015
Austen, Jane, *Emma*, Diogenes, 1991
Ava, Frau, *Das jüngste Gericht*, De Gruyter, 1966
Ball-Hennings, Emmy, *Das Brandmal*, Erich Reiss Verlag, 1920
Bauer, Klara, *Die geheimnisvolle Sängerin*, Hallberger, 1876
Bechtolsheim, Katharina von, *Erinnerungen einer Urgrossmutter*, Fleischel & Co., 1903
Beecher-Stowe, Harriet, *Onkel Toms Hütte*, Insel Verlag, 1977
Behn, Aphra, *Lebens- und Liebes-Geschichte des Königlichen Sclaven ...*, Wiering, 1709
Bell, Gertrude, *Am Ende des Lavastromes*, Promedia Verlag, 1991
Benfey, Anna, *Das Dorf am See oder Die Wasserfrauen*, Bonifacius, 1901
Berend, Alice, *Bruders Bekenntnis*, A. Langen, 1922
Berend, Alice, *Die Bräutigame der Babette Bomberling*, Salzwasser Verlag, 2012
Berend, Alice, *Die gute alte Zeit. Bürger und ...*, M. v. Schröder Verlag 1962
Berend, Alice, *Die Reise des Herrn Sebastian Wenzel*, Goldmann, 1956
Berend, Alice, *Frau Hempels Tochter*, Goldmann, 1955
Bernays, Marie, *Die Deutsche Frauenbewegung*, B. G. Teubner, 1920
Bernhard, Marie, *Verkauft und verloren*, E. Pierson's Verlag, 1905
Bettingen, Frida, *Gedichte*, G. Müller, 1922
Bissing, Henriette von, *Das Leben der Dichterin Amalie von Helvig*, W. Hertz, 1889
Blavatsky, Helena Petrovna, *Die Geheimlehre*, Friedrich, 1888
Blennerhassett, Charlotte Lady, *Frau von Staël*, Gebrüder Paetel, 1887
Böhlau, Helene, *Ein Sommerbuch*, Leseklassiker, 2014
Böhlau, Helene, *Halbtier!*, F. Fontane & Co., 1899
Bohm-Schuch, Clara, *Willst Du mich hören?*, Arbeiterjugend-Verlag, 1922
Böhme, Margarete, *Tagebuch einer Verlorenen: Von einer Toten*, Suhrkamp, 1995
Bölte, Amely, *Vittorio Alfieri und seine vierte Liebe oder Turin und Florenz*, O. Janke, 1862
Bölte, Amely, *Maria Antonia oder Dresden vor hundert Jahren*, Kober & Markgraf, 1816
Bordes, Ludovica des, *Christkind, in: Kinderlieder*, G. J. Manz, 1854
Boy-Ed, Ida, *Empor!*, Igel Verlag, 2008
Boy-Ed, Ida, *Glanz*, A. Scherl, 1921
Brachvogel, Carry, *Die große Gauklerin*, Ullstein, 1915
Brachvogel, Carry, *Eva in der Politik: Ein Buch über die politische ...*, Salzwasser Verlag, 2013
Brachvogel, Carry, *Frau Dr. Faust*, Bayerische Verlagsanstalt, 1913
Brackel, Ferdinande von, *Die Tochter des Kunstreiters*, J. P. Bachem, 1875
Brandenburg, Elisabeth von, *Der Widwen Handbüchlein*, Braunschweig-Calenberg, 1598
Braun-Artaria, Rosalie, *Von berühmten Zeitgenossen*, Beck, 1919
Braun, Isabella, *Scherz und Ernst*, O. Risch, 1871
Braun, Lily, *Memoiren einer Sozialistin – Lehrjahre*, A. Langen, 1909
Bremer, Fredrika, *Geschwisterleben*, Franckh, 1850
Brontë, Charlotte, *Jane Eyre*, Reclam, 1847
Brontë, Charlotte, *Shirley*, Duncker u. Humblot, 1849
Brontë, Emily, *Wutheringshöhe*, Verlags-Comptoir, 1851
Büchner, Luise, *Das Schloß zu Wimmis*, T. Thomas, 1864
Bülow, Clara, *Nach der Arbeit*, Schmidt u. Spring, 1866
Bülow, Frieda von, *Im Hexenring. Eine Sommergeschichte ...*, J. Engelhorns Nachf., 1921
Bürstenbinder, Elisabeth, *Ein Gottesurteil*, Union Deutsche Verlagsgesellschaft, 1885
Buol, Maria von, *Früchte der Heimat*, Bernina-Verlag, 1948
Burow, Julie, *Aus dem Leben eines Glücklichen*, A. Samter, 1852
Burow, Julie, *Buch der Erziehung in Haus und Schule*, H. Costenoble, 1855
Burow, Julie, *Ein Arzt in einer kleinen Stadt*, Gerzabek, 1854
Burow, Julie, *Künstlerliebe*, Kober u. Markgraf, 1859
Caspari, Gertrud, *Anschauungs- u. Darstellungsbuch*, A. Hahn, 1909
Christ, Lena, *Erinnerungen einer Überflüssigen*, dtv, 1912
Christ, Lena, *Madam Bäuerin*, dtv, 1993
Christen, Ada, *Jungfer Mutter, Eine Wiener Vorstadtgeschichte*, H. Minden, 1892
Conradi, Johanna, *Lebensbilder aus der baltischen Heimath*, Fr. Lucas, 1861
Corelli, Marie, *Absinth*, O. Janke, 1895
Croissant-Rust, Anna, *Winkelquartett. Eine komische Kleinstadtgeschichte*, G. Müller, 1908
Croissant-Rust, Anna, *Feierabend u. andere Münchner Geschichten*, E. Albert & Co., 1893
Croissant-Rust, Anna, *Der Kakadu, in: Der Kakadu und Prinzessin ...*, A. Schupp, 1896
Curie, Marie, *Untersuchungen über die radioaktiven ...*, F. Vieweg u. Sohn, 1904
D'Istria, Dora, *Die deutsche Schweiz und die Besteigung des Mönchs*, Meyer u. Zeller, 1858
Dalberg, Maria Feodora von, *Aus dem Leben einer deutschen Fürstin*, Nöldeke 1847
Dauthendey, Elisabeth, *Vivos voco: Von den Ufern des Lebens*, T. Thomas, 1908
Davidis, Henriette, *Prakt. Kochbuch für die gewöhnliche ... Küche*, Velhagen & Klasing, 1862
Déry, Juliane, *Katastrophen*, Bonz & Comp., 1895
Déry, Juliane, *Selige Liebe*, S. Fischer, 1896
Desbordes-Valmore, Marceline, *Erinnerung*, O. Wiegand, 1848
Dethleffs, Sophie Auguste, *Gedichte*, Kittler, 1857
Devrient, Therese, *Jugenderinnerungen*, Krabbe, 1905
Diede, Charlotte, *Lebensbeschreibung und Briefe*, Niemeyer, 1884
Dohm, Hedwig, *Werde, die Du bist!*, Schlesische Verlags-Anstalt, S. Schottlaender, 1894
Dovsky, Beatrice von, *Mona Lisa. Oper in zwei Akten*, Drei Masken, 1914
Droste-Hülshoff, Annette von, *Ledwina*, Winkler, 1973
Droste-Hülshoff, Annette von, *Die Judenbuche*, Suhrkamp, 1999
Droste-Hülshoff, Annette von, *Westfälische Schilderungen*, Winkler, 1973
Duncker, Dora, *Auf zur Sonne*, Gebrüder Paetel, 1916
Duncker, Dora, *Die graue Gasse*, Verlag der Wiking-Bücher, o. J.
Duncker, Dora, *Doktor Stillfried*, Ehrlich, 1920
Duncker, Dora, *Großstadt*, J. Knoblauch Verlag, o. J.

Ebeling, Elisabeth, *Das Geläute. Eine Erzählung für die reifere Jugend*, Flemming, 1867
Ebner-Eschenbach, Marie von, *Die Unerstandene auf dem Dorfe*, Gebrüder Paetel, 1889
Ebner-Eschenbach, Marie von, *Das Gemeindekind*, Winkler, 1955
Ebner-Eschenbach, Marie von, *Krambambuli*, Manesse, 1990
Ebner-Eschenbach, Marie von, *Die arme Kleine*, Gebrüder Paetel, 1903
Egidy, Emmy von, *Selma Lagerlöf und Ricarda Huch*, Kunstwart-Verlag, 1925
Ehrmann, Marianne, *Graf Bilding*, Typographische Gesellschaft, 1788
Ebnerskirchen, Helene, *Geschlechtsleben … des Weibes*, Seitz u. Schauer, 1903
Eliot, George, *Middlemarch. Eine Studie des Portraitlebens*, Manesse, 1962
Eliot, George, *Middlemarch*, Duncker, 1872
Esche, Louise, *Aus der Frauen- und Märchenwelt*, Langewiesche, 1859
Eschstruth, Nataly von, *Hofluft*, Ewald & Co. Nachf., o. J.
Eschstruth, Nataly von, *Frühlingsstürme*, Verlagsbuchhandlung Paul List, 1899
Eynatten, Carola von, *Hexensagen. Sagen und Geschichten*, Junges & Comp., 1889
Faber, Cecilia, *Bohl de Ferrnan Caballero*, *Die Möwe*, J. Max u. Komp., 1860
Falkenhausen, Helene von, *Ansiedlerschicksale. Elf Jahre in …*, Reimer, 1906
Fayette, Marie-Madeleine de La, *Die Prinzessin von Clèves*, Dietrich, 1946
Fayette, Marie-Madeleine de La, *Herretire von England*, Vieweg, 1794
Fechner, Clara, *Nußknacker und Zuckerpüppchen*, Schücke 1854
Fischer-Dückelmann, Anna, *Die Frau als Hausärztin*, Süddeutscher Verlag, 1911
Fischer, Caroline Auguste, *Vierzehn Tage in Paris*, H. Gräff, 1801
Fischer, Caroline Auguste, *Märchen*, Ungers Journalhandlung, 1802
Flachsland, Maria Caroline, *Erinnerungen aus dem Leben G. von Herder*, Müller, 1820
Fleygare-Carlén, Emilie, *Eine gute Partie*, Vereins-Comptoir, 1852
Fleygare-Carlén, Emilie, *Die glückliche Omnibusfahrt*, Kollmann, 1858
François, Louise von, *Stufenjahre eines Glücklichen*, Brockhaupt u. Härtel, 1877
François, Louise von, *Der Katzenjunker*, Gebrüder Paetel, 1879
François, Louise von, *Die letzte Reckenburgerin*, O. Janke, 1871
François, Louise von, *Judith die Klausnerin*, Duncker, 1868
Frapan, Ilse, *Arbeit*, Gebrüder Paetel, 1903
Frapan, Ilse, *In der Stille*, Gebrüder Paetel, 1897
Frapan, Ilse, *Schreie*, Gebrüder Paetel, 1901
Gandersheim, Hrotsuitha, *Die Comödien der Nonne Hrotsuitha*, Hammerich/Lesser, 1850
Gatterer, Philippine, *Mein poetischer Lebenslauf, in: Gedichte*, Dieterich, 1778
Gerold, Rosa von, *Erinnerungen von Rosa v. Gerold*, Verlag v. Gerolds Sohn, 1908
Gleim, Betty, *Betty Gleims Bremisches Kochbuch*, J. G. Heyse Auguste Siemers, 1847
Grazie, Marie Eugenie Delle, *Saul. Tragödie in fünf Akten*, C. Konegen, 1885
Grazie, Marie Eugenie Delle, *Die Zigeunerin*, C. Konegen, 1885
Grazie, Marie Eugenie Delle, *Robespierre*, Breitkopf u. Härtel, 1894
Grazie, Marie Eugenie Delle, *Liebe*, Breitkopf u. Härtel, 1902
Green, Anna Katharine, *Engel von Teufel. Kriminalroman in drei Teilen*, Rhein. Union 1899
Green, Anna Katharine, *Das Fragen-Herz*, W. Scholz, 1906
Grunwald-Zerkowitz, Sidonie, *Die Mode in der Frauenkleidung*, G. Szelinski, 1889
Grunwald-Zerkowitz, Sidonie, *Doppelehren!*, G. Schmidt, 1900
Grunow, Gertrud, *Naturliche Formenbildung. Kunst u. Jugend*, 1938
Guschard, Wilhelmine Konstanze, *Venezia, die Königin der …*, Velhagen & Klasing, 1877
Gunderode, Karoline von, *Poetische Fragmente*, Wilmans, 1805
Hahn, Ida, *Dauererinnerung und Frauenarbeit, Zeitschrift für Ethnologie 51*, Behrend 1919
Halisch, Marianne, *Seherinnen, Seherinnen, Hexen …*, Verlag der »Deutschen Worte«, 1896
Halberstadt, Wilhelmine, *Briefe über Moralität, Würde …*, Luckhardt, 1835
Hanke, Henriette, *Sämtliche Schriften. Der jüngste Tag*, A. Hahn, 1844
Hartleben, Hermine, *Champollion. Sein Leben und sein Werk*, Weidmann, 1906
Hehn, Friederike, *Homöopathisches Kochbuch*, C. F. Amelang, 1834
Heimburg, Wilhelmine, *Aus dem Leben meiner alten Freundin*, Schreiter, 1894
Heimburg, Wilhelmine, *Trotzige Herzen*, Schreiterche, 1930
Heimburg, Wilhelmine, *Lumpenmüllers Lieschen*, Europäischer Hochschulverlag, 2013
Heine, Anselma, *Der Zwergenring*, Wegweiser-Verlag, 1925
Helm, Clementine, *Backfischchens Leiden und Freuden*, O. Wiegand, 1863
Herzfeld, Marie, *Menschen und Bücher. Literarische Studien*, L. Weiss, 1893
Heyking, Elisabeth von, *Briefe, die ihn nicht erreichten*, Gebrüder Paetel, 1925
Hillern, Wilhelmine von, *Am Kreuz …*, Union Deutsche Verlagsgesellschaft, o. J.
Hoechstetter, Sophie, *Das Memoire von Schaumningen*, Gebrüder Paetel, 1912
Hoyer, Anna Ovena, *Geistliche und Weltliche Poemata*, L. Elzevier, 1650
Huber, Therese, *Ellen Percy oder Erziehung durch Schicksale*, Brockhaus, 1822
Huch, Ricarda, *Michael Unger*, Insel Verlag, 1976
Humboldt, Caroline von, *W. und C. von Humboldt in ihren Briefen*, E. S. Mittler u. Sohn, 1906
Ichenhaeuser, Eliza, *Die politische Gleichberechtigung der Frau*, Duncker, 1898
Ichenhaeuser, Eliza, *Frauenziele. Aufgaben der Frauenbewegung*, Schall, 1913
Ihrer, Emma, *Die Organisationen der Arbeiterinnen Deutschlands. Selbstverlag d. Verf.*, 1893
Imhoff, Amalie von, *Die Schwestern von Lesbos. Ein Schauspiel*, J. D. Schöps, 1792
Incubald, Elizabeth, *Ich will Ihnen was erzählen*, A. Hermann, 1801
Janischek, Maria, *Litternzauber. Kreisende Ringe*, 1893
Janischek, Maria, *Kreuzführer. Kreisende Ringe*, 1897
Janischek, Maria, *Frauentrift*, Deutsches Verlagshaus, 1900
Juchacz, Marie, *Stimmen gegen § 218*, Monatszeitschrift Sozialistischer Ärzte, 1931
Junghans, Sophie, *Verflossene Stunden. Novelle*, E. J. Günther 1871
Junghans, Sophie, *Lore Lay*, C. Reißner, 1897
Kalb, Charlotte von, *Briefe von Charlotte v. Kalb an Goethe*, Rütten & Loening, 1892
Keller-Jordan, Henriette, *Mechanische Novellen*, Osiander, 1883
Koenig, Alma Johanna, *Nero – der jugendliche Gott*, Sinanjog, 1955
Koenig, Alma Johanna, *Der heilige Palast*, Rikola, 1922
Kowalewskaja, Sofja Wassiljewna, *Die Nihilistin*, Verlag der »Wiener Mode«, 1896
Krane, Anna von, *Der Zöllner*, J. P. Bachem, 1913
Kulpe, Frances, *Kinder der Liebe*, Müller, 1912
Kurz, Isolde, *Vanadis. Der Schicksalsweg einer Frau*, Wunderlich, 1913
Kurz, Isolde, *Von dazumal*, Gebrüder Paetel, 1900
La Roche, Sophie von, *Briefe an ein Mädchen. Ein Buch für junge …*, H. Gräff, 1788
La Roche, Sophie von, *Geschichte des Frl. von Sternheim*, Weidmanns Erben u. Reich, 1976
La Roche, Sophie von, *Rosaliens Briefe an ihre Freundin Marianne von S***, Altenburg, 1776
Laddey, Emma, *Ein Jahr im Märchen*, Thea Stroefers Kunstverlag, 1885
Lagerlöf, Selma, *Die wunderbare Reise des kleinen N. Holgersson …*, Damnick, 2015
Lagerlöf, Selma, *Der Ring des Generals*, Bonniers, 1925
Lambrecht, Nanny, *Vor dem Erwachen*, A. Scherl, 1920
Lambrecht, Nanny, *Das Haus im Moor. Eifelroman*, Fredebeul, 1906
Lambrecht, Nanny, *Die Staurendame! Roman einer Ehe und eines Volkes*, Bruns, 1908
Lange, Helene, *Frauenbildung*, Oehmigke 1889
Lasker-Schüler, Else, *Mein Herz*, dtv, 1988
Lasker-Schüler, Else, *Die Nächte der Tino von Bagdad*, dtv, 1986
Lasker-Schüler, Else, *Der Malik*, dtv, 1986

Lazar, **Maria**, *Die Vergiftung*, E.P. Tal & Co., 1920
Lehmann-Filhés, **Bertha**, *Die Kinderwelt ...*, Winckelmann & Söhne, 1858
Leidenfrost, **Charlotte**, *Die junge Hausfrau vor der Toilette, am Näh- und ...*, Boigt, 1827
Lent, **Gertrud**, *Die Kleider unserer lieben Frau*, Neues Frauenleben 11, 1910
Leporin, **Dorothea Christiane**, *Gründliche Untersuchung der Ursachen ...*, Rüdiger, 1742
Lewald, **Emmi**, *Kinder der Zeit*, F. Fontane & Co., 1897
Lewald, **Fanny**, *Adele*, F. Vieweg u. Sohn, 1855
Lewald, **Fanny**, *Jenny*, Brockhaus, 1843
Lewald, **Fanny**, *Clementine*, O. Janke, 1872
Lewald, **Fanny**, *Eine Lebensfrage*, F. A. Brockhaus, 1872
Linden-Aspermont, **Maria Gräfin von**, *Erfahrungen der Kupferbehandlung ...*, Schoetz, 1917
Lippe, **Pauline zur**, *Zur Frauenzimmer-Moral*, Insel Verlag, 1903
Luxemburg, **Rosa**, *Zur russischen Revolution*, Gesellschaft und Erziehung, 1922
Magdeburg, **Mechthild von**, *Das fließende Licht der Gottheit*, Insel Verlag, 2010
Marholm, **Laura**, *Zur Psychologie der Frau*, Duncker, 1903
Marlitt, **Eugenie**, *Die Frau mit den Karfunkelsteinen*, Verlag v. E. Keil's Nachf., 1885
Marlitt, **Eugenie**, *Die zweite Frau*, E. Keil, 1874
Mataja, **Emilie (Emil Marriot)**, *Der abgesetzte Mann*, Grote'sche Verlagsbuchhandlung, 1916
Mayreder, **Rosa**, *Idole: Geschichte einer Liebe*, S. Fischer, 1899
Mayreder, **Rosa**, *Zur Kritik der Weiblichkeit*, Diederichs, 1922
Megede, **Marie zur**, *Frauengedanken über Menschenerziehung*, F. Fontane & Co., 1907
Meisel-Heß, **Grete**, *Weiberhaß und Weiberverachtung*, Die Wage, 1904
Mensch, **Ella**, *Die Frau in der modernen Literatur*, Duncker, 1935
Mereau, **Sophie**, *Das Blüthenalter der Empfindung*, Perthes, 1794
Mereau, **Sophie**, *Marie*, Europäischer Literaturverlag, 2012
Merwin, **Thekla**, *Die Groteske der Gerechtigkeit*, Dr. Bloch's österr. Wochenschrift 11, 1912
Merx, **Eulalia**, *Philine*, J. U. Kern, 1857
Meysenbug, **Malwida von**, *Memoiren einer Idealistin*, Auerbach, 1876
Mitchell, **Margaret**, *Vom Winde verweht*, Ullstein, 2004
Motte Fouqué, **Caroline de la**, *Magie der Natur*, Dümmler, 1812
Motte Fouqué, **Caroline de la**, *Frauen Liebe. Ein Roman*, J. L. Schrag, 1818
Müller-Jahnke, **Clara**, *Ich bekenne: Die Geschichte einer Frau*, F. A. Lattmann, 1904
Nathusius, **Marie**, *Elisabeth. Eine Geschichte, die nicht mit der Heirat schließt*, Fricke, 1859
Naubert, **Christiane Benedikte**, *Die Amtmannin von Hohenweiler*, o. V., 1791
Naubert, **Christiane Benedikte**, *Neue Volksmährchen ...*, Weygandsche Buchhandlung, 1789
Naubert, **Christiane Benedikte**, *Fontanges oder Das Schicksal der ...*, H. Gräff, 1805
Naubert, **Christiane Benedikte**, *Velleda. Ein Zauberroman*, Schäfer, 1795
Naveau, **Thekla**, *Aus des Kindes Heimath*, Gebrüder Scheitlin 1865
Neumann, **Johanna**, *Konradin von Schwaben, der letzte ...*, Rein'sche Buchhandlung, 1831
Niebelschütz, **Sophie von**, *Die Zigeunerprinzessin*, Enßlin & Lalblin, 1900
Niendorf, **Emma**, *Ueber diese Geschichten ist Gras gewachsen*, Richard Sandrog u. Co., 1863
Niese, **Charlotte**, *Bilder und Skizzen aus Amerika*, Schlesische Verlags-Anstalt, 1891
Niese, **Charlotte**, *Mein Freund Kaspar*, Trümpler, 1911
Niese, **Charlotte**, *Reifezeit*, Grunow, 1908
Noether, **Emmy**, *Über die Bildung des Formensystems ...*, G. Reimer, 1908
Olfers, **Hedwig von**, *Der Kinder-Advokat*, W. Hertz, 1868
Olfers, **Marie von**, *Jungfer Modeste*, W. Hertz, 1876
Olfers, **Marie von**, *Herr Mops*, W. Korn, 1863
Olfers, **Marie von**, *Simplizitas*, W. Hertz, 1884
Olfers, **Mary von**, *Das Märchen vom alten Drachen und der treuen Lisbeth*, Schneider, 1883
Otto, **Louise**, *Schloß und Fabrik*, Wienbrack, 1846
Paoli, **Betty**, *Die Welt und mein Auge. Novellen, Bd. 2*, G. Heckenast, 1844
Paoli, **Betty**, *Lyrisches und Episches*, Heckenast, 1855
Pappenheim, **Bertha**, *Frauenrecht*, Turia + Kant, 2002
Pappenheim, **Bertha**, *Kämpfe. Sechs Erzählungen*, J. Kaufmann, 1916
Pappenheim, **Bertha**, *Zur Judenfrage in Galizien*, Gebrüder Knauer, 1900
Papprtiz, **Anna**, *Die positiven Aufgaben ... der Föderation*, Abolitionist. Föderation. 1909
Pattberg, **Auguste**, *Ballade*, Mohr u. Zimmer, 1807
Paumgartner, **Magdalena**, *Briefwechsel B. Paumgartners ...*, Literarischer Verein Stgt, 1895
Petersen, **Marie**, *Die Irrlichter*, Hansebooks, 2016
Pfeiffer, **Ida**, *Eine Frauenfahrt um die Welt*, C. Gerold, 1850
Pichler, **Caroline**, *Frauenwürde*, August Liebeskind, 1818
Pierson, **Karoline**, *Das graue Haus in der Rue Richelieu*, F. A. Julien, 1867
Plessen, **Marie Sophie Christiane von**, *Gedichte*, Verlag C. Kürschner, 1847
Plessen, **Marie Sophie Christiane von**, *Edmund u. Blanka u. Anastasia ...*, Herold, 1824
Ploennies, **Luise von**, *Reise-Erinnerungen aus Belgien*, Duncker u. Humblot, 1845
Popp, **Adelheid**, *Die Arbeiterin im Kampf um's Dasein*, 1. Wiener Volksbuchhandlung, 1895
Preindlsberger, **Milena Theresia**, *Bosnische Volksmärchen*, A. Edlinger's Verlag, 1905
Preuschen, **Hermione von**, *Via passionis: Lebenslieder*, C. Reissner, 1895
Prohl, **Hedwig**, *Brauseköpfchen*, Jugendhort, 1920
Raché, **Hennie**, *Liebe*, G. Müller, 1901
Reinhardt, **Luise (Ernst Fritze)**, *Solitude*, H. Markgraf, 1863
Reinhardt, **Luise (Ernst Fritze)**, *Schloss Bärenberg*, E. J. Günther, 1867
Reinhardt, **Luise (Ernst Fritze)**, *Die Wollenweber von Stendal ...*, C. G. Brandis, 1850
Reinhardt, **Luise (Ernst Fritze)**, *Verkauft*, G. Behrend, 1871
Reuter, **Gabriele**, *Der Amerikaner*, S. Fischer, 1907
Reuter, **Gabriele**, *Frauenseelen*, S. Fischer, 1901
Reuter, **Gabriele**, *Ins neue Land*, Ullstein, 1916
Reventlow, **Franziska zu**, *Ellen Olestjerne*, Langen Müller Verlag, 1980
Reventlow, **Franziska zu**, *Herrn Dames Aufzeichnungen*, S. Fischer, 1990
Reventlow, **Franziska zu**, *Viragines oder Hetären*, Langen Müller Verlag, 1980
Reventlow, **Franziska zu**, *Der Selbstmordverein*, Verlag der Nationen, 1991
Rhoden, **Emmy von**, *Der Trotzkopf. Eine Pensionsgeschichte ...*, Anaconda Verlag, 2015
Richter, **Helene**, *Mary Wollstonecraft–die Verfechterin der Rechte der Frau*, C. Honegen, 1897
Ruete, **Emily**, *Memoiren einer arabischen Prinzessin*, Luckhardt, 1886
Sachsen, **Amalie von**, *Lüge und Wahrheit*, Arnoldsche Buchhandlung, 1863
Sagar, **Maria Anna**, *Karolinens Tagebuch*, Gerle, 1774
Sand, **George**, *Indiana*, K. Prochaska, 1832
Sand, **George**, *Lelia*, Kayser, 1834
Sanzara, **Rahel**, *Die glückliche Hand*, Humanitas, 1936
Sappho, *Gedichte der Sappho*, o.V., 1734
Schanz, **Frida**, *Huberta Sollacher*, Trowitzsch & Sohn, o. J.
Schanz, **Frida**, *Aus der Tanzstunde*, in: Mit sechzehn Jahren ..., O. Spamer, o. J.
Schieber, **Anna**, *Alle guten Geister ...*, Salzer, 1906
Schirmacher, **Käthe**, *Die moderne Frauenbewegung*, B. G. Teubner, 1905
Schlegel, **Dorothea**, *Florentin*, Reclam, 2004
Schlegel, **Dorothea**, *Gespräche über die neuesten Romane der Französinnen*, Wilmans, 1803
Schlichtkrull, **Aline von**, *Eine verlorene Seele*, Heyn, 1853
Schneider, **Thekla**, *Irmentrud*, Verlag der Dorn'schen Buchhandlung, 1897
Schobert, **Hedwig**, *Künstlerblut*, Axia-Verlag, 1931

Schopenhauer, Adele, Brockhaus, 1845
Schopenhauer, Johanna, Die Tante, Brockhaus, 1834
Schopenhauer, Johanna, Ausflucht an den Rhein, Brockhaus, 1834
Schoppe, Amalie, Die Vorurteien, Heinsius, 1825
Schoppe, Amalie, Friederich und Arabella, Taubert'sche Buchhandlung, 1828
Schoppe, Amalie, Marat, Westermann, 1838
Schoppe, Amalie, Die Helden und Götter des Nordens, Gropius, 1832
Schramm, Marie, Schwester Carmen, Gartenlaube 40, 1880
Schurmann, Anna Maria von, Eukleria oder Erwählung .... Buchh. der Gelehrten, 1783
Sewell, Anna, Black Beauty, Anaconda, 2011
Shelley, Mary, Frankenstein oder Der Moderne Prometheus, S. Fischer, 1908
Siebe, Josephine, Die Sternbuben in der Großstadt, Levy & Müller, 1915
Siewert, Elisabeth, Van Brackel, Verlag der Sozialistischen Monatshefte, 1909
Spyri, Johanna, Arnt und Squirrel, Emlin & Laiblins, 1939
Spyri, Johanna, Heidis Lehr- und Wanderjahre, Diogenes, 1978
Spyri, Johanna, Heidi kann brauchen, was es gelernt hat, Diogenes, 2013
Stein, Charlotte von, Dido, Verlag des freien Deutschen Hochstifts, 1867
Stöcker, Helene, Erotik und Altruismus, E. Oldenburg, 1924
Stockfleth, Maria Catharina, Die Kunst- und Tugendgezierte Macarie, Lang, 1978
Suttner, Bertha von, Es müssen doch schöne Erinnerungen sein, Friedensfreunde, 1892
Suttner, Bertha von, Die Waffen nieder!, Pierson's Verlag, 1899
Suttner, Bertha von, Franzl und Mirzl, M. Hesse, 1905
Tarnow, Fanny, Thekla, Focke, 1830
Thaler, Christine, Die letzte Liebe eines Mädchen, Gartenlaube 40, 1880
Timme, Marie, Elferreigen, Spamer, 1877
Undset, Sigrid, Olaf Audunssohn, S. Fischer, 2015
Unger, Friederike Helene, Bekenntnisse einer schönen Seele, J. F. Unger, 1806
Unger, Friederike Helene, Gräfin Pauline, J. F. Unger, 1800
Unger, Friederike Helene, Julchen Grunthal, Eine Pensionsgeschichte, J. F. Unger, 1784
Unger, Friederike Helene, Rosalie und Neuchen, J. F. Unger, 1801
Unzer, Johanna Charlotte, Grundriß einer natürlichen Historie .... Hemmerde, 1751
Ury, Else, Nesthäkchen und ihre Puppen, Meidinger's Jugendschriften Verlag, 1913
Ury, Else, Jugend voraus!, Meidinger's Jugendschriften Verlag, 1933
Ury, Else, Nesthäkchen und der Weltkrieg, Meidinger's Jugendschriften Verlag, 1916
Verena, Sophie, Ueber Alles die Pflicht, O. Janke, 1870
Villinger, Hermine, Schulmädelgeschichten, Fontane & Co, 1893
W. Frau von, Die Sprache des Herzens, Vier Novellen von der Frau von W., Veit u. Co, 1838
W. Frau von, Adele in: Der Delphin, Ein Almanach, Hammerich, 1839
Warburg-Syrgenstein, Sophie von, Des Brechaues und Erdachtes, E. Pierson's Verlag, 1904
Wallenroth, Johanna, I. E. von, Prinz Hassan .... Kleefeldsche Buchhandlung, 1796
Wallenroth, Johanna, I. E. von, Fritz, der Mann wie er nicht seyn .... Haller & Sohn, 1800
Wallenroth, Johanna, I. E. von, Was andert Pflicht und Vorteil der Deutschen?, o. V., 1794
Weber, Marianne, Lebenserinnerungen, J. Storm, 1948
Weißenburn, Johanna Franul von, Das Manuscript .... J. B. Wallishausser, 1834
Westkirch, Luise, Geschichten von der Nordkante, J. Engelhorn, 1834
Wied, Elisabeth zu, Geflüsterte Worte, Wunderling, 1903
Wied, Elisabeth zu, Ein Gebet, Duncker, 1887
Wobeser, Wilhelmine Karoline von, Elisa oder Das Weib wie es seyn sollte, H. Graff, 1795
Wolf, Marianne, Zwei Familien, Die Gartenlaube 2, 1886
Wollstonecraft, Mary, Rettung der Rechte des Weibes .... Verlag der Erziehungsanstalt, 1793
Wolzogen, Caroline von, Das Sumpfmädchen .... J. G. Cotta'sche Buchhandlung, 1826
Woolf, Virginia, Mrs Dalloway, S. Fischer, 2003
Woolf, Virginia, Orlando, Insel Verlag, 1929
Wortshoffer, Sophie, Kreuz und quer durch Indien, Velhagen & Klasing, 1890
Wulff, Margarethe, Alte Bekannte .... Winckelmann u. Söhne, 1860
Yonge, Charlotte Mary, Wilfred Montressor oder Die Stiefen, C. E. Kollmann, 1853
Yonge, Charlotte Mary, Die Pretenschnur oder Der weiße und die schwarze .... O. Janke, 1869
Zapolska, Gabriela, Käthe, Der Roman eines Dienstmädchens, Oesterheld & Co. 1924
Zeller, Louise, Die Kaiserbraut, Grunow, 1885
Zeller, Louise, Unter dem Lindenbaum, Grunow, 1868
Zetkin, Clara, Hungersnot, Blutmai, roter Mai!, G. Hoym Nachf., 1932
Zetkin, Clara, Der Student und das Weib, Verlag der Sozialistische Monatshefte, 1899
Zetkin, Clara, Zur Geschichte der proletarischen Frauenbewegung .... Manifest Verlag, 2017

Wir haben uns um die Einholung aller Rechte bemüht. Sollten wir einen Anspruch übersehen haben, setzen Sie sich bitte mit dem Verlag in Verbindung. Etwaige Fehler oder Änderungen können in den folgenden Auflagen nachgebessert werden.